LA NOUVELLE CALÉDONIE

ET

SES HABITANTS

PRODUCTIONS — MŒURS — CANNIBALISME

PAR

LE Dr VICTOR DE ROCHAS

CHIRURGIEN DE LA MARINE IMPÉRIALE, MEMBRE DE LA SOCIÉTÉ DE GÉOGRAPHIE
ET DE LA SOCIÉTÉ D'ANTHROPOLOGIE DE PARIS

PRIX : **3** FRANCS

PARIS
FERDINAND SARTORIUS, ÉDITEUR
6, RUE JACOB, 6

1862

LA

NOUVELLE-CALÉDONIE

ET SES HABITANTS

VERSAILLES. — IMPRIMERIE CERF, 59, RUE DU PLESSIS.

LA NOUVELLE CALÉDONIE

ET SES HABITANTS

PRODUCTIONS — MŒURS — CANNIBALISME

PAR

LE DR VICTOR DE ROCHAS

CHIRURGIEN DE LA MARINE IMPÉRIALE, MEMBRE DE LA SOCIÉTÉ DE GÉOGRAPHIE
ET DE LA SOCIÉTÉ D'ANTHROPOLOGIE DE PARIS

PARIS

FERDINAND SARTORIUS, LIBRAIRE-ÉDITEUR

6, RUE JACOB, 6

1862

DÉDICACE

A Messieurs le contre-amiral, comte du Bouzet, ancien gouverneur de la Nouvelle-Calédonie, et Reynaud, inspecteur général du service de santé de la marine, qui m'ont donné la force de mener à bout la tâche que j'avais entreprise : le premier en encourageant mes recherches, le deuxième en donnant à mes essais la sanction de sa haute compétence.

Hommage de profond respect,

V. DE ROCHAS.

AVERTISSEMENT

L'objet principal de ce livre est de faire connaître les indigènes de la Nouvelle-Calédonie, au double point de vue des caractères physiques et moraux.

Mais, de même que les historiens avant de nous faire le récit d'un évènement, nous esquissent le tableau de la scène où il va se passer, j'ai commencé par une description succincte de la Nouvelle-Calédonie. Laissant à d'autres le soin des détails minutieux, et l'honneur des élucubrations d'intérêt purement scientifique, je n'ai eu en vue que l'application et les résultats utiles.

S'il m'est permis de faire connaître les titres que je puis avoir à la confiance du lecteur, je dirai que j'ai vécu pendant près de trois années en Nouvelle-Calédonie et visité à diverses reprises, dans les conditions les plus favorables, la plupart des tribus.

Sans cesse occupé de l'étude du pays et de ses habitants, j'ai beaucoup vu par mes propres yeux, mais je n'ai pas négligé d'interroger les RR. Pères missionnaires qui vivaient en relations plus intimes avec les indigènes, contrôlant autant que possible leurs renseignements par mes propres observations et n'admettant rien de ce qui ne présentait pas un caractère de certitude. Je saisis avec empressement l'occasion de leur adresser mes remercîments.

J'ai eu l'avantage d'arriver à l'époque la plus favorable pour étudier une des races humaines les moins connues. Dans quelques années, notre exemple et nos lois auront profondément modifié l'état de ces nouveaux concitoyens. Ceux qui voudraient les étudier alors arriveraient trop tard.

Je crois devoir avertir que j'ai suivi pour tous les noms indigènes l'orthographe française, renonçant à celle employée par les missionnaires, préférable à certains égards, mais qui aurait l'inconvénient de faire prononcer ces noms d'une manière tout à fait incorrecte. J'écrirai donc, au risque d'employer une lettre de plus, Touo au lieu de Tuo, Pouébo pour Puépo, Ouraï pour Uraï, etc., etc.

Du moins le Français qui lira les mots tels que je les écris, les prononcera-t-il à la façon des indigènes, et si le caprice d'une promenade sur mer le conduit aux rivages de la Nouvelle-Calédonie, il ne risquera pas de se faire *présenter une pierre quand il demandera du pain.*

LA NOUVELLE-CALÉDONIE

ET SES HABITANTS

LIVRE PREMIER

La Nouvelle-Calédonie et ses dépendances. — Description géographique et physique.

I

DESCRIPTION GÉNÉRALE DE L'ILE. — POPULATION.

La Nouvelle-Calédonie dont la France a pris possession en 1853, est une grande île de l'océan Pacifique, située entre le 20°10' et le 22°26' de latitude sud, et entre le 164°35' et le 164°35' de longitude est.

Elle appartient à cette zone océanienne qu'on distingue sous le nom de Mélanésie.

Sa longueur est de 270 kilomètres et sa largeur moyenne de 55.

Un récif madréporique l'enveloppe comme une ceinture, et se prolonge au nord et au sud dans une étendue telle que la distance d'une extrémité à l'autre est de 125 lieues marines.

Découverte par Cook en 1774, cette île reçut le nom de Nouvelle-Calédonie à cause de l'aspect montagneux de ses terres, qui rappelait au navigateur anglais la configuration de l'Écosse. — C'est par la même opération de l'esprit, qu'un de nos navigateurs modernes eut la pensée de lui imposer le nom de Nouvelle-Corse. Il résista heureusement à la tentation commune à un grand nombre de marins de baptiser des terres qu'ils n'ont point inventées, et de jeter ainsi la confusion dans la nomenclature géographique.

La Nouvelle-Calédonie compte dans ses dépendances plusieurs îles secondaires voisines de ses côtes, et qui sont :

1° *L'île des Pins*, distante de 40 milles au sud et qui lui est reliée par un labyrinthe d'écueils.

2° Les îles du nord, *groupes des Nénémas* et *groupe Bélep* ou *Lebert*, enfermées dans le grand rescif du nord.

3° Enfin le groupe des *Loyalty* et des *îlots Beaupré* séparé de la côte orientale par un canal d'une largeur moyenne de 50 milles.

La Nouvelle-Calédonie est couverte de montagnes dont les chaînes se dirigent dans le sens de sa longueur, et dont l'orientation, par rapport aux pôles terrestres, est par conséquent celle de l'île elle-même, c'est-à-dire qu'elles sont dirigées obliquement du nord au sud et de l'est à l'ouest.

L'une de ces chaînes borde la côte orientale dans toute sa longueur et, à l'exception des vallées qui la coupent, et qui donnent écoulement aux cours d'eau vers la mer, elle ne laisse entre elle et le rivage qu'un étroit cordon, quand toutefois les montagnes ne plongent pas directement leur pied dans la mer.

L'autre chaîne centrale et parallèle, reliée à la précédente par des contreforts et s'en écartant plus ou moins pour se rapprocher de la côte occidentale, envoie vers celle-ci des chaînons transversaux, unis eux-mêmes par des massifs parallèles au rivage.

Vers le nord, elle s'efface peu à peu en se rapprochant de la chaîne orientale, pour donner place à la vaste plaine de Kouni, qui s'étend jusqu'au pied des montagnes de l'est.

De la limite septentrionale de cette grande plaine jusqu'au nord de l'île, se déroule un nouveau groupe de montagnes moins considérable que le précédent et plus rapproché de la mer. — L'île est donc hérissée de montagnes qui la coupent en tous sens, et ne laissent entre elles que des vallées étroites, si ce n'est sur la côte occidentale, et si ce n'est encore dans le Nord où la grande vallée du Diaot n'est interceptée que par les deux chaînes riveraines. C'est sans doute la vue de cette longue et belle vallée, qui a fait préjuger et affirmer à

1.

tort l'existence d'une vallée centrale prolongée dans toute la longueur de l'île.

Tel est le système des montagnes de la Nouvelle-Calédonie, dont les points culminants atteignent jusqu'à 12 ou 1500 mètres. Sur un sol aussi accidenté les cours d'eau sont nécessairement très-nombreux; mais leur parcours est généralement de peu d'étendue, et les plus profonds eux-mêmes sont inaccessibles aux navires à cause des *barres* situées à leur embouchure. Il en est pourtant qui peuvent donner accès à des chaloupes; tels sont ceux d'Yaté, d'Ouraï, de Kouni dont il a été parlé, et surtout le *Diaot* qui arrose la vallée de ce nom (1) et qui a pu être remonté par les canots d'un de nos navires de guerre jusqu'à une distance de 30 milles. — Le fleuve de Ouagap, plus large à la fin de son cours que la Seine à Paris, est barré de telle façon que les grosses embarcations de l'aviso à vapeur le *Styx* ne purent y pénétrer qu'avec difficulté à marée haute. Après l'avoir remonté aisément jusqu'à 4 à 5 milles de la mer, il nous fallut rouler les canots sur les galets pour passer les barrages qui se représentèrent dès lors fréquemment. Ce n'était plus, à proprement parler, qu'un torrent. La plupart des cours d'eau sont à peu près dans le même cas.

La direction des rivières est généralement transver-

---

(1) *Diaot* dans le langage du nord de l'île signifie *rivière*, mais les Européens en ont fait un nom propre.

sale, par rapport au grand diamètre de l'île; la seule considérable qui fasse exception est le Diaot qui se jette dans le golfe d'Arama au nord. La simple observation de ce fait aurait dû détourner de l'idée préconçue d'une grande vallée centrale.

La Nouvelle-Calédonie est pourvue d'un grand nombre de criques, de baies, de ports, presque tous d'un accès difficile, mais offrant d'excellents mouillages et des refuges précieux aux navigateurs; tels sont le port de France, le port Saint-Vincent, ceux de Kanala, de Nakety, d'Hienguène, etc., etc.

Les deux plus grandes nappes d'eau qu'on connaisse, et que quelques-uns ont décorées du nom de lacs, n'ont qu'un kilomètre environ de diamètre et sont peu profondes. Encaissées dans les montagnes du sud, ce ne sont que des réservoirs de l'eau pluviale qui découle des hauteurs environnantes et qui, retenue par un terrain argilo-ferrugineux imperméable, couvre les bas fonds de la vallée.

Les marais sont très-nombreux.

Sur la côte orientale généralement abrupte, on n'en trouve qu'à l'ouverture des vallées. Les rivières qui les arrosent et qui, par les alluvions qu'elles ont entassées à leur embouchure, ont créé un obstacle au libre écoulement de leurs eaux, débordent dans les grandes crues.

Le flot de la mer qui contrarie leur écoulement suffit seul pour produire l'inondation périodique et journalière des terrains les plus bas et les plus rapprochés du rivage.

Ainsi naissent des espaces marécageux qui ne sont noyés que dans les grandes crues de l'hivernage, des atterrissements limoneux, peuplés de mangliers qu'une eau saumâtre envahit à chaque marée ou seulement dans des circonstances favorables. Ces atterrissements acquièrent une grande étendue en quelques localités; tel est le delta marécageux de *Kanala*. Sur la côte occidentale qui est moins escarpée, les marais sont plus nombreux; ce n'est plus seulement à l'embouchure des rivières qu'on les rencontre; partout où une côte basse s'ouvre sans obstacle à l'invasion des flots, on trouve une plage marécageuse qui ne reçoit en notable quantité que de l'eau salée. — Ailleurs, c'est un bassin naturel entre des hauteurs dont il reçoit les eaux, soit isolé de la mer, soit en communication accidentelle avec elle par un défilé ou par le lit d'un ruisseau qui, tantôt donne épanchement au trop plein du réservoir, tantôt lui apporte le tribut des grandes marées.

En ce pays, point de digues pour arrêter les invasions de la mer ou contenir les rivières dans leur lit, point de travaux de dessèchement. Les torrents ravinent à leur gré le flanc des montagnes et précipitent dans le lit des rivières les détritus qu'ils ont entraînés; celles-ci forment à leur tour des barres et des atterrissements à leur fantaisie, et déversent sur les terres voisines l'excédant des eaux si malheureusement retenues. L'homme ne fait rien pour aider ou dompter la nature, il assiste spectateur inerte à ses déportements, et, par un privilége du ciel presque réservé à cette heureuse contrée, il conserve sa santé au milieu de ces éléments morbifères.

La population indigène n'a pu être évaluée qu'approximativement; elle est de 40,000 à 50,000 âmes réparties en tribus, fortes chacune de 500 à 2,000 individus. La population des tribus est donc très-inégale; celle des villages qui les composent ne l'est pas moins, car ils comptent de quelques douzaines d'habitants à 150 ou 200.

La population est échelonnée sur le littoral, et s'établit de préférence au bord des rivières. Elle y trouve le double avantage de la fécondité du sol et de la pêche. Dans les plaines de l'ouest elle s'écarte plus volontiers de la mer, et quelques tribus, renonçant de gré ou de force aux avantages du littoral, se sont établies dans l'intérieur. Mais dans l'est, les migrations vers l'intérieur ne sont pas aussi praticables, parce que les vallées se rétrécissant rapidement deviennent des gorges inhabitables. Aussi, au fur et à mesure qu'on s'écarte du rivage, voit-on les villages devenir de plus en plus rares, et à 2 ou 3 lieues de la mer, ne trouve-t-on plus que des habitations isolées.

La superficie de l'île étant de 1200 lieues carrées à peu près; si l'on porte la population au maximum de 50,000 âmes, chiffre qu'elle n'atteint probablement pas, on aura 41 habitants par lieue carrée, proportion 26 fois plus faible qu'en France (Balbi et Quételet). On peut juger par là s'il y a place pour de nouveaux habitants sans préjudice pour les anciens, même en tenant compte des localités inhabitables, ou simplement défectueuses qui sont en assez grand nombre.

Nous avons dit précédemment que l'île était entourée d'un récif madréporique qui en rendait les abords dangereux. En revanche, il est singulièrement propre à favoriser le cabotage sur la côte, parce que le canal qui le sépare de la terre a presque partout assez de profondeur et de largeur pour la navigation des petits bâtiments qui peuvent y flotter en tout temps sur une eau tranquille.

Les grands navires eux-mêmes peuvent parcourir dans toute sa longueur le canal de la côte orientale. Il n'en est pas tout à fait de même sur l'autre côte où ils sont obligés de prendre le large, mais dans l'espace de quelques lieues seulement, pour contourner des pâtés de coraux.

Un avantage considérable pour la navigation côtière résulte de l'interruption du récif devant l'embouchure de tout grand cours d'eau. Ce phénomène remarquable est si général, non-seulement en Nouvelle-Calédonie, mais dans toute l'Océanie, qu'il peut être considéré comme une loi dans l'histoire naturelle des formations madréporiques.

Quelle merveilleuse construction que ce gigantesque

rempart de corail, escarpé au dehors, en talus au dedans, protégeant l'île qui s'élève au milieu comme une place forte, et s'ouvrant de distance en distance pour donner aux vaisseaux l'accès de ses larges fossés! L'océan, son implacable ennemi, s'épuise vainement à le battre en brèche; ses lourdes vagues se brisent et se dissipent en nuages d'écume qui vont se fondre de l'autre côté du rempart sur une eau calme, verte et brillante comme un miroir d'émeraude. Nous construisons des digues de granit et la tempête les bouleverse. Des ouvriers quasi-microscopiques, séparant un à un les atômes de carbonate de chaux des flots impétueux, et les unissant dans une admirable structure, construisent ces digues formidables qui résistent à toutes les fureurs de l'océan!

II

CONSTITUTION DU SOL

Dans différentes relations de voyages et autres opuscules qui ont été publiés sur la Nouvelle-Calédonie, et par suite dans les descriptions des géographes, le sol a été donné comme volcanique (1).

Une exploration attentive du pays m'a démontré qu'au contraire les roches volcaniques sont rares par rapport aux roches sédimentaires et métamorphiques, ce qui domine de beaucoup, ce sont les schistes argileux et métamorphiques, micaschistes et stéaschistes, les calcaires, les brèches, les grès, les poudingues. On ne connaît ni trachyte, ni basalte, mais la serpentine et le trapp.

Sur la côte sud-ouest, à Port-de-France, gît un immense banc de schiste argileux, sur lequel est assis notre établissement.

Les collines voisines sont en grande partie formées d'une brèche à gros fragments de calcaire, de schiste argileux, de jaspe, dans laquelle se rencontrent fréquemment des rognons de peroxyde de fer et de sulfure de fer amorphe ou cristallisé.

Sur le territoire de Port-de-France et dans les environs se trouvent aussi, en grandes masses, le grès et le calcaire, calcaire compacte et plus ou moins dolomisé, doublement précieux pour les constructions, comme pierre à bâtir et comme pierre à chaux hydraulique, marbre, spath, calcaire crayeux, marne.

---

(1) Voyez la grande géographie Malte-Brun.

Quand l'amiral Fébvrier-Despointes vint planter le pavillon français, on aperçut de la mer, par le travers de Kanala, des gerbes lumineuses qui embrâsaient momentanément l'horizon, puis s'obscurcissaient pour jeter, le moment d'après, un nouvel éclat. — On diagnostica un volcan. C'était un feu de paille.

Les matériaux de construction ne manquent point à Port-de-France, puisqu'on a les brèches, les grès, les calcaires, et qu'on n'a qu'à fouiller le sol en maints endroits pour trouver d'excellente argile à brique.

Le jaspe, provenant probablement du métamorphisme des argiles, le grauwacke passant par l'atténuation de ses fragments au grès grossier, sont très communs depuis Port-de-France jusqu'au sud de l'île.

A quelques kilomètres de notre établissement central, au village chrétien de *Conception*, commence le terrain houiller qui va se prolongeant et s'enrichissant du côté du Mont-d'Or, au pied duquel sont d'importants filons de houille, dans un terrain composé de grès et d'argile schisteuse, très-chargée d'ocre rouge. — Dans un îlot voisin, sont des couches de charbons de terre, séparées par de minces lits d'argile et formant par leur superposition un gisement de 4 à 5 mètres d'épaisseur, placé sur un grès tendre et couvert d'un lit d'argile très-épais mais aisément maniable. Le combustible de ces localités est dense, brillant, et quoique pris à la surface ou dans des fouilles peu profondes, par conséquent plus ou moins altéré par le contact de l'air et de l'eau, il est tel qu'on peut légitimement espérer obtenir, plus profondément, un charbon de très-bonne qualité. — Son voisinage de la mer, et la nature du terrain qui lui sert de lit, sont d'ailleurs des conditions favorables à son exploitation.

On ne connaît bien encore ni l'étendue ni la direction

de ce gisement houiller, mais comme on retrouve le même terrain à Koumak, dans le nord-ouest de l'île, avec des filons de charbon, et qu'on a pu en saisir quelques vestiges dans les points intermédiaires, il est permis de supposer avec quelque fondement, que ce gisement carbonifère s'étend d'un bout de l'île à l'autre, en suivant, à plus ou moins de distance, la côte occidentale.

Au dessus de *Momari* et de ses mines de charbon s'élève le *Mont-d'Or*, en majeure partie formé de serpentines, de féroligiste et de fer magnétique. Une argile chargée d'ocre rouge, couvre ses flancs, et entraînée par les torrents qui en découlent, forme à ses pieds une bande de terrain de même nature.

Passant sur la côte orientale, à *Yaté* dans le sud, nous trouvons la serpentine épanchée au milieu des schistes argileux et des calcaires métamorphiques. Une argile rouge imprégnée d'ocre couvre le sol. L'oxyde de fer à l'état de grenaille ou de rognons de médiocre grosseur, est mêlé en énorme quantité à cette terre argileuse, et la surface du sol en est toute parsemée. Le littoral est bordé de falaises formées de coraux et de conglomérats de cailloux roulés, soulevés de 10 à 12 mètres au-dessus du rivage. C'est la seule localité de la Nouvelle-Calédonie, où j'aie vu dans les terres des coraux soulevés à une pareille hauteur. Mais le même phénomène se voit à *l'Ile-des-Pins*. En remontant l'espace de quelques lieues la côte est, nous arrivons à

Kanala. Là, nous trouvons la serpentine et le trapp épanchés entre les schistes argileux, micaschistes et les quartzites.

Le trapp ne s'y présente guère qu'en filons, mais il n'en est pas de même de la serpentine, qui s'est épanchée en nappes, et forme des bancs considérables, qu'il est facile de voir, aux bords de la baie.

Un peu plus haut nous arrivons sur le territoire de *Ouagap* et de *Touo* où nous retrouvons encore la serpentine, mais en masses moins considérables, au milieu des schistes argileux, des phyllades, des grès schisteux qui sont les roches dominantes et véritablement constitutives du terrain.

Dans ces deux localités gisent d'immenses lits d'ardoise qui seront certainement d'une exploitation fructueuse, quand la colonisation offrira des bras en nombre suffisant pour les exploiter et des débouchés pour en payer les frais. En attendant, les missionnaires de Ouagap y ont arraché la toiture de leur maison. Voilà un bon exemple, mais qui n'a pas encore pu trouver d'imitateurs.

L'ardoise de Ouagap est plus fissile que celle de Touo, elle est d'ailleurs plus facilement exploitable et située sur les bords de la grande rivière dont j'ai déjà parlé, ce qui en faciliterait singulièrement le transport. On n'aurait pas même de carrière à ouvrir. Un torrent qui s'est creusé un lit profond à travers les couches du schiste en question, s'est chargé lui-même d'ouvrir la carrière et de mettre les matériaux sous la main des travailleurs. A quelques lieues au nord, à *Hienguène*, nous retrouvons les même schistes argileux et ardoisiers, mais en outre et au-dessus d'eux, des calcaires anciens, à couches plissées, relevées jusqu'à former un angle de 60 à 80 degrés avec l'horizon. — Les schistes eux-mêmes se relèvent, se plissent, se contournent. La rivière dite d'Hienguène coule sur un lit d'ardoise; le gisement est continu depuis la mer jusqu'à 4 à 5 milles plus haut, peut-être même plus loin, mais je n'ai pas poussé la reconnaissance au-delà.

La rivière est navigable pour les embarcations jusqu'à ce point.

Les mêmes schistes se trouvent tout le long de la mer entre la rivière précédente et celle dite de *Tchenguène*.

C'est dans l'ardoise que sont ouvertes les grottes d'Hienguène.

La rivière Tchenguène, qui arrose le même territoire, coule au milieu des schistes argileux, où l'ardoise se fait encore remarquer, mais en moins grande quantité que sur les bords de l'autre cours d'eau.

Les énormes rochers connus sous le nom de *Tours-Notre-Dame*, dans le port d'Hienguène, ne sont, si j'en juge par les 12 ou 15 échantillons que j'y ai pris à différentes hauteurs, que de colossaux blocs de marbre.

J'ai fait polir plusieurs de ces échantillons, et le résultat me donne à penser qu'on trouverait dans cette carrière si facilement exploitable, des matériaux d'un fort bel effet, — gris, — roses, — verts, — blancs, bien veinés. — Ce marbre abandonne dans la solution azotique, un précipité assez abondant de silice et de magnésie.

Au dessus de Hienguène, la constitution géologique se modifie profondément, et cette modification devient de plus en plus évidente à mesure qu'on remonte vers Balade, c'est-à-dire vers le nord-est.

C'est la partie de l'île la plus avancée dans la série des terrains ignés, et comme c'est la plus anciennement connue, la seule même qui ait été visitée jusqu'à ces derniers temps, on s'explique les idées erronées, qui ont eu cours sur la constitution géologique de la Nouvelle-Calédonie.

On ne voit en effet, dans cette région, que des schistes chloriteux, des micaschistes et des stéaschiste avec filons de talc en larges feuillets argentés, des amas considérables de stéatite, de l'acténote fibreux (schorl vert), des serpentines en bancs et en filons. Il y en a deux variétés principales :

La pierre allaire est une variété très dure, susceptible d'un très beau poli, de couleur verte, plus ou moins foncée à veines noirâtres (nephrite). C'est cette espèce qui servait à faire les haches des naturels et les colliers de leurs femmes.

Le quartz forme des lits et des filons puissants, au milieu des micaschistes et des stéaschistes. Il est transparent (cristal de roche) ou opaque, laiteux, rougeâtre, en un mot se présente sous presque tous les états qu'il est susceptible d'affecter. — Le quartz d'ailleurs ne se rencontre pas seulement dans ce terrain, on en trouve plus ou moins par toute l'île, mais nulle part en aussi grande quantité ni en d'aussi nombreuses variétés.

Les micaschistes du nord-est de la Nouvelle-Calédonie sont remarquables par l'énorme quantité de cristaux de grenat dont ils sont comme criblés.

Ces cristaux rhomboédriques sont généralement de la grosseur d'une tête d'épingle. On m'en a pourtant présenté de beaucoup plus gros, pris, disait-on, dans une terre sablonneuse, encroutés de paillettes de mica; ils avaient probablement été mis à nu, par la désagrégation des micaschistes, où ils devaient se trouver empâtés. Très-beaux pour le volume, ils sont sans valeur à cause de leur couleur terne et de leur défaut de cohésion.

La présence du grenat dans les roches de Balade fit supposer, je ne sais pourquoi, aux premiers visiteurs, qu'il devait se cacher des pierres précieuses dans les entrailles de cette terre fortunée. Jusqu'ici leur prévision n'a pas été justifiée, et je doute même que les grenats de Balade soient jamais recherchés par les lapidaires. Ils ont fort peu d'éclat, sont rouges foncés ou noirs, cristallisés en dodécaèdres rhomboïdaux, impropres à la taille par défaut de cohésion.

On a beaucoup parlé, en un temps, des richesses métalliques de la Nouvelle-Calédonie, mais le fer est malheureusement le seul métal dont l'existence soit jusqu'ici bien avérée, et si l'on songe au bas prix du fer fourni par les usines d'Angleterre à l'Australie, si l'on réfléchit que la main-d'œuvre sera d'ici bien longtemps fort chère en ce pays, peut-être sera-t-on d'avis que, songer à la création d'usines métallurgiques en Nouvelle-Calédonie, c'est bâtir des châteaux en Espagne.

D'un autre côté, le peu de valeur du minerai ne permet pas de penser à l'exporter, à travers un voyage de 5,000 lieues, dans les contrées industrielles d'Europe qui en ont sous la main.

Les propriétés des métaux, autres que le fer, sont tout à fait inconnues des naturels et on n'en a jamais vu entre leurs mains. — On a produit naguère, dans un but de propagande commerciale, des échantillons de quartz aurifère, mais ils étaient malheureusement exotiques. — On a aussi parlé de minerai de zinc et d'argent, mais on a pris pour de la calamine et de la kérargyre certaines variétés de talc grisâtre ou blanc brillant, qu'on trouve à Kanala, à Hienguène, à Pouębo, à Balade. C'est précisément dans ces localités que les belles trouvailles avaient été faites.

Nombre d'individus ont cherché l'or dans le quartz, et toujours en vain; j'ai moi-même dissous des sulfures de fer (qui, comme on sait, en contiennent quelquefois) sans jamais en trouver la moindre trace. Quelqu'insignifiante qu'eût été la trouvaille d'une petite quantité de *cuivre* dans les mêmes sulfures, je n'ai jamais eu non plus la satisfaction d'en saisir la moindre trace. Je l'ai aussi vainement cherché dans différents autres échantillons, où je pouvais avoir quelque chance d'en trouver.

Il n'y a pas lieu cependant de se décourager complétement, car l'évêque d'Amata porta en France, il y a une douzaine d'années, des échantillons trouvés du côté de *Koumac*, où les minéralogistes reconnurent, dit-on, l'existence du carbonate de cuivre.

Mais si le cuivre est tout au moins rare, en revanche le fer est répandu à profusion.

Il s'est insinué dans presque tous les terrains. L'ocre rouge et la limonite imprègnent les argiles et les schistes argileux ; le peroxyde en rognons et en grenaille est abondant dans les argiles ocreuses, les schistes, les brèches. L'oligiste lithoïde, plus ou moins chargé d'argile, existe en un grand nombre de lieux, dans la grande île, comme aussi à l'*île des Pins*, et surtout à l'*île Bélep* où il forme des blocs de plusieurs mètres cubes. Le fer oxydulé est très-abondant au *Mont-d'Or*, où l'on trouve aussi quelque peu de sulfate. C'est le peroxyde qui colore le grenat et le jaspe toujours, le quartz quelquefois, et se mêle en fortes proportions à la pâte des micaschistes. — Le silicate de protoxyde, sans doute, colore les roches d'actinote fibreux ou de chlorite, quelques micaschistes et les rognons de *terre verte*.

La véritable richesse minéralogique du pays est vraisemblablement la houille, richesse qui serait d'une valeur inappréciable, si l'Australie n'était elle-même si bien pourvue de combustible fossile. Du moins, notre colonie pourrait-elle suffire à ses propres besoins sous ce rapport, ce qui serait déjà un avantage incontestable. La pierre à bâtir, le marbre, l'ardoise ne sont certes pas à dédaigner comme matériaux de construction.

L'argile dont on pourrait souhaiter un peu moins, offre en compensation des variétés fines dont les arts pourront tirer parti. Telles sont les variétés dites terre anglaise et kaolin, répandues à Touo, à Yaté et sans doute ailleurs. L'argile grossière propre à la confection des briques se trouve partout et fournit de faciles éléments de construction. — Dans les localités où ce calcaire terrestre fait défaut, les coraux du rivage peuvent suffire à la consommation de chaux de milliers d'ouvriers. Je ne parle pas de la serpentine qui fournissait naguère aux indigènes ces haches et ces casse-tête de luxe, tombés aujourd'hui dans le domaine des amateurs de curiosités; c'est une pierre magnifique dans laquelle on taillerait certainement de forts beaux objets de luxe, mais on n'en est pas encore au luxe en Nouvelle-Calédonie.

Signalons, en terminant, la présence d'une source thermale sulfureuse sur le rivage de la *baie du sud*.

Elle est à 12 ou 15° au-dessus de la température ambiante. Quant aux eaux ferrugineuses, elles se trouvent partout; nombre de sources et de ruisseaux laissent déposer de la rouille.

III

AGRONOMIE

Les qualités du sol végétal, sa valeur productive ont été très-diversement appréciées, et les opinions les plus contradictoires ont été émises sur ce sujet; les uns ont fait de la Nouvelle-Calédonie un Eden, d'autres une terre aride, un vieux bloc de fer rouillé. Ici, comme en beaucoup d'autres choses, la vérité est dans le juste milieu. En Nouvelle-Calédonie, comme dans notre France si favorisée, il y a des sites fertiles et d'autres arides, mais quand l'agriculture y répandra ses bienfaits, le nombre des premiers augmentera aux dépens des derniers.

Chacun sait que les terres par trop argileuses sont stériles, et j'avoue que ces terres sont assez communes dans l'île; mais quand des agriculteurs éclairés viendront y répandre, à l'instar de ceux d'Europe, du sable et de la chaux, ils obtiendront par cet amendement des terres fortes et des terres franches à volonté. Beaucoup de marais et d'atterrissements limoneux, qui pourraient être desséchés sans grandes peines, réservent à des bras industrieux un sol fertile. — Je ne me dissimule pas que des lieues carrées de terrain ne se transforment pas en un jour ; mais en laissant de côté les sols non cultivables, on trouvera encore de grands espaces tout prêts pour l'agriculture.

Telles sont les vallées arrosées par des rivières qui y apportent les détritus de toutes les roches qu'elles ont minées, de tous les végétaux qu'elles ont entraînés dans leur cours, le limon fertilisateur de leurs eaux enfin. Aussi les vallées sont-elles généralement d'une grande fécondité. — Les plaines de la côte occidentale, en grande partie incultes et désertes, verront un jour de beaux troupeaux s'ébattre dans leurs luxuriants pâturages, et de riches moissons y prendre la place de cette stérile graminée qui les a couvertes jusqu'ici. Situées comme elles sont au pied des montagnes, elles forment des bassins à surfaces onduleuses, coupés par de nombreux ruisseaux ou sillonnés par des rivières, de telle sorte qu'elles sont presque partout bien arrosées et propices à l'agriculture. La distribution des pluies se rapproche en ce pays de ce qu'elle est dans le midi de l'Europe ; il n'y a pas de sécheresses de très-longue durée comme dans nos autres possessions inter-tropicales, condition favorable pour l'acclimatation des végétaux de la zone méridionale de l'Europe qu'on voudrait y introduire.

Les céréales qui se plaisent dans les terrains argileux trouveraient facilement leur sol de prédilection. Avant les malheureux événements qui ont arrêté les premiers essais d'agriculture, des colons établis dans une vallée voisine de *Port-de-France* voyaient se préparer une belle récolte d'orge et d'avoine. Les missionnaires ont essayé avec succès, à *Ouagap* et à *Touo*, la culture du blé, et de magnifiques épis ont été envoyés par eux de *Conception* à l'exposition coloniale de 1860. On sait par expérience que le maïs, le sorgho, le sarrazin prospèrent dans le pays. Les localités trop sèches pour les autres céréales pourraient être livrées à la culture des deux dernières moins avides d'humidité.

La pomme de terre, la betterave (1), la plupart de nos plantes potagères croissent très-bien aussi. Une plante moins utile à l'homme, mais dont la culture produit de très-beaux bénéfices, vient à merveille dans le pays, c'est le tabac, et puisque ce sont les terrains d'alluvions et bien arrosés qui lui conviennent, il donnerait lieu d'utiliser les vallons trop étroits pour la grande agriculture comme il y en a beaucoup dans l'est.

---

(1) Au lieu d'être plus sucrée que la nôtre, comme on pourrait le croire, elle ne l'est pour ainsi dire point, phénomène conforme à ce qui a été observé en Europe, où la betterave renferme d'autant moins de sucre qu'elle est cultivée dans une région plus chaude. (ORFILA.)

La grande vallée du Diaot et surtout la côte occidentale doivent être choisies pour l'élève des troupeaux ; là s'étendent les gras pâturages, là se déroule cette superbe plaine de Kouni, image des pampas américaines, moins vaste sans aucun doute, mais plus pittoresque à cause des ondulations de sa surface, et des bouquets de bois qui l'émaillent. Elle n'est marécageuse que sur le littoral, car, à quelques centaines de mètres du rivage, les mangles et les joncs font place à une graminée qui la couvre d'un tapis verdoyant, au-dessus duquel percent les troncs blanchâtres des *niaoulés*. L'œil habitué aux horizons rétrécis des vallées, embrasse avec complaisance l'étendue de cette belle plaine, au fond de laquelle s'érige en courbes gracieuses, un amphithéâtre de coteaux que l'agriculture pourra exploiter également. Ce sont les dernières pentes de la chaîne orientale dont les cimes escarpées se dressent aux limites de l'horizon.

Au reste, pour toutes les grandes exploitations agricoles propres aux climats tempérés, c'est la côte occidentale qui mérite la préférence ; la côte orientale convient mieux pour la culture des plantes tropicales. Tout concourt en effet à la rendre chaude, son exposition, sa constitution géologique, et sa configuration elle-même, car les hautes montagnes qui circonscrivent les vallons réfléchissent sur eux, comme dans le foyer d'une parabole, les rayons solaires qu'elles reçoivent. C'est ce qui a lieu de la façon la plus évidente à Hienguène, à Pouébo, à Balade, dans le nord-est.

Dans le sud-est, l'argile ocreuse qui forme le sol arable des Tuaourous, de Yaté, du Mont-d'Or, ce terrain chargé de fer qui s'échauffe sous les rayons du soleil comme une plaque de métal, hostile sans doute à toutes nos cultures européennes, semble être le sol de prédilection de la canne qui donne d'autant plus de sucre qu'elle croît sur un terrain plus chaud. Du moins, n'ai-je vu nulle part en Calédonie de canne aussi belle que celle des *Touaourous* dont on a pu admirer les magnifiques échantillons à l'exposition coloniale de 1860.

La vigne au contraire s'accommoderait infiniment mieux des coteaux calcaires et rocailleux de la baie de Port-de-France, des terrains marneux et argileux de la même localité, et prospèrerait peut-être sur toute la côte ouest.

Les missionnaires ont tenté un essai à *Pouébo*, quelques plants de vigne ont bien réussi, les raisins étaient excellents, et on s'est donné la satisfaction de faire quelques bouteilles de vin Calédonien. Sans doute, il faut savoir gré aux missionnaires d'avoir tenté un pareil essai n'importe où, mais Pouébo est une des localités les plus impropres à l'acclimatation de la vigne, parce que c'est une des plus chaudes. En France, le poète a pu dire :

> Cette côte, à l'abri du vent,
> Qui se chauffe au soleil levant
> Comme un vert lézard, c'est ma vigne !

Mais en Nouvelle-Calédonie, la vigne se chauffera toujours assez, et c'est au contraire la fraîcheur qu'il faut lui chercher. L'exposition du levant, les micaschistes du nord-est, ses coteaux brûlés par le soleil et ses vallons, chauffés comme un four, lui seraient antipathiques. Le sol argilo-sablonneux de Ouagap, la terre forte ou argileuse de Touo font peut-être seuls exception sur la côte est.

Ce qu'il faut à la vigne en Nouvelle-Calédonie, ce sont les terres argileuses non chargées de fer et les calcaires ; les premières, parce que la forte proportion d'eau qu'elles retiennent leur enlève, en s'évaporant, une grande quantité de calorique, et que leur couleur absorbe peu de chaleur rayonnante ; les deuxièmes, pour cette dernière raison et parce qu'un sol rocailleux convient à la vigne.

On emploierait d'ailleurs avec avantage le mode de culture adopté sur les côtes de la Charente-Inférieure et dans les îles qui l'avoisinent, qui consiste à rapprocher les plants et à les tailler de façon que le tronc soit très-court, et que les branches soient courbées vers la terre en parasol.

Par cet artifice, les jeunes grappes protégées par le feuillage ne risqueraient pas d'être brûlées prématurément par le soleil. Comme la température moyenne de la Nouvelle-Calédonie ne dépasse guère la ligne isothermique, après laquelle la culture de la vigne a été reconnue impossible dans l'hémisphère nord (22° c.

M. de Gasparin), il n'est pas déraisonnable d'espérer son acclimatation parfaite. Les missionnaires ont songé à introduire le riz dans notre nouvelle colonie, et un essai (sur petite échelle, comme tous ceux qu'on a faits) a été suivi de succès. Certes, il ne manque pas de terrains marécageux qui lui conviennent, et il n'y a pas de raison pour que sa culture ne puisse parfaitement prospérer. — Qui plus est, les localités les plus sèches des montagnes pourraient être plantées de cette espèce de riz qui croît si bien en même position à Madagascar. Mais ce n'est pas là une conquête précieuse pour le pays, parce que le *Taro*, qui est une plante indigène, plus nutritive et plus au goût des habitants, trouve son sol de prédilection dans les terrains noyés, et qu'une autre espèce de *Taro* se complaît au contraire dans les terrains secs. Serait-ce pour l'exportation qu'on cultiverait le riz? Mais l'Inde l'expédie à vil prix jusqu'aux portes de notre colonie, à Sydney. Il en est de même du *manioc*, que les missionnaires, qui sont les plus intelligents et les plus entreprenants agronomes du pays jusqu'à ce jour, ont introduit à Pouëbo et à Ouagap. Mais les indigènes avaient bien assez de racines féculantes déjà! Ce sont des graines azotées, du blé, de l'orge, des fèves, des haricots, qu'il faut leur apporter.

Le café, voilà une brillante acquisition assurée au pays.

Nous en avons vu faire la première plantation avec

des rejetons de Taïti en 1857, à Conception, et nous en avons vu les premiers fruits en 1859.

La rapide croissance des plants, la qualité du fruit justifient les prévisions qu'avaient fait concevoir la position géographique et le climat du pays. Ce sont en effet les plantes inter-tropicales qu'on est le plus assuré de pouvoir acclimater, et les efforts doivent être dirigés tout d'abord dans ce sens. Il faut autant que possible suivre les voies de la nature, quand elles doivent conduire au but désirable, la prospérité. Aussi, avant tout, et sans renoncer aux céréales et à la vigne, c'est la canne à sucre, partout répandue et cultivée par les indigènes, qui doit fixer les regards. Ainsi l'avaient compris les frères Majastre et M. Bérard, entreprenants colons qui, après avoir fait de magnifiques plantations de cannes au Mont-d'Or, sur ce terrain ferrugineux dont il a été parlé, périrent d'un de ces malheureux événements inséparables des débuts de toute colonie au milieu des barbares, et qui, faut-il espérer, ne se reproduiront plus. Ainsi l'a compris la *compagnie sucrière*, fondée par un de nos compatriotes, intelligent colon de la Nouvelle-Galles du sud.

Cette opulente colonie anglaise ne produit pas de sucre, elle tire de Maurice tout celui qu'elle consomme, mais elle le prendra plus volontiers en Nouvelle-Calédonie qui est bien plus rapprochée, quand on pourra le lui livrer au même prix. C'est donc un débouché précieux pour notre colonie.

Je n'ai pas parlé du *cotonnier*, qui est lui-même un végétal indigène, jusqu'ici complètement négligé, et qu'on multiplierait sans doute avec facilité. Précieux élément d'industrie, dont la colonie pourra profiter dans l'avenir, mais qui doit probablement céder le pas à des exploitations plus faciles et plus fécondes. La canne à sucre, les troupeaux, voilà les deux premiers éléments de prospérité qu'il s'agit de développer. L'expérience a suffisamment prouvé que les bêtes ovines et bovines, s'accommodent parfaitement du climat et des pâturages calédoniens. — Les missionnaires de Touo et de Ouagap, possédaient dès 1858, des troupeaux plus remarquables par la qualité que par la quantité. Le doyen des colons Calédoniens, M. Paddon, entretenait à Saint-Vincent un beau troupeau, mais uniquement en proportion des besoins de la garnison et de la division navale.

Enfin, en 1859, plus de mille têtes de bétail, bœufs, moutons, chevaux, ont été importées d'Australie, et l'on peut dire que l'élève des bestiaux est aujourd'hui sérieusement entrepris.

Les troupeaux n'ont pas seulement pour l'agriculteur une valeur intrinsèque, mais ils réagissent puissamment sur la terre par les engrais qu'ils procurent.

Les terres vierges de l'Amérique, riches d'un terreau qu'une végétation séculaire y a entassé, se passent facilement d'engrais, mais il n'en est pas de même en Calédonie, de celle du moins que les indigènes cultivent ou ont cultivées à une certaine époque, et elles sont considérables. L'expérience a montré aux missionnaires de Touo et de Ouagap, l'efficacité merveilleuse du fumier sur les terres qu'ils ont ensemencées. Le sol de Touo surtout, plus argileux et moins meuble, ne donne que de très-médiocres résultats, quand il est abandonné à lui-même; il est tantôt trop sec, tantôt trop humide, et les plantes s'y dessèchent ou y pourrissent. Mais si on y ajoute une certaine quantité d'engrais qui lui procure à la fois une porosité suffisante et des éléments fécondateurs, il devient une terre forte de première qualité. Les indigènes eux-mêmes ne méconnaissent pas les avantages des engrais, et à défaut de fumier animal, ils transportent dans les champs voisins des rivières, la tourbe qu'ils trouvent accumulée en couches plus ou moins épaisses sur les berges de plusieurs d'entr'elles. L'existence de cet engrais fossile s'explique facilement par le mode de formation du terrain qui le renferme, c'est un terrain d'alluvion, formé par la rivière qui l'arrose. Cette tourbe provient à la fois des détritus végétaux qu'elle a laissé déposer et probablement d'une végétation plus ancienne, ensevelie sous des dépôts récents. C'est sur les berges de la grande rivière des Ouagap que j'ai vu ce dépôt occuper le plus d'épaisseur et d'étendue. C'était une substance grasse et noire, intermédiaire au terreau et à la tourbe, formant une couche de $0^m,30$ à $0^m,40$ depuis le niveau de l'eau où elle commençait à paraître jusqu'à un mètre et plus au-dessous de la surface du sol. Si cet engrais s'étend dans le sous-sol de la vallée, ce dont il serait facile de s'assurer par des sondages, on imagine quel avantage l'agriculteur pourrait retirer de défoncements qui le mêleraient au sol cultivé.

Le lecteur est suffisamment édifié, je l'espère, sur ce sujet que j'ai cru utile de traiter avec quelque développement.

Dans le chapitre où j'énumérerai tous les produits actuels du sol, on pourra puiser une connaissance complète des espèces agricoles, fort importantes sans doute pour les indigènes, mais secondaires pour les agriculteurs européens, et que je n'ai pas cru devoir étudier ici.

IV

RÈGNE VÉGÉTAL ET PRODUCTIONS

Ce n'est pas la botanique de la Nouvelle-Calédonie que je vais entreprendre. Mon plan plus modeste ne comprendra que la liste des végétaux les plus utiles ou les plus pernicieux, sans négliger les indications de leurs produits et du parti qu'on en peut tirer.

Les végétaux qui servent le plus à la subsistance des indigènes, sont les suivants :

L'igname, grosse racine féculente dont le poids s'élève à plusieurs kilos.

Le *taro*, autre racine féculente un peu plus substantielle, qui compte deux espèces bien distinctes, l'une que les botanistes appellent tarum esculentum, et qui ne croît que dans les terrains noyés, l'autre plus petite, arum macrorhizon qui s'accommode très bien des terrains secs. La culture de l'igname et du taro est longue et pénible et les produits, susceptibles du reste des mêmes préparations culinaires que la pomme de terre, lui sont inférieurs pour le goût comme pour la valeur nutritive.

La *patate douce*, importée et encore peu répandue.

Le *cocotier*, dont on mange la noix.

Le *bananier*, qui donne un fruit sucré, nourrissant et sain. Il est en outre très-fécond. C'est le plus précieux arbre fruitier des pays chauds, très-abondant en Nouvelle-Calédonie.

La *canne à sucre*, dont les indigènes sucent le suc.

Les naturels tirent accessoirement parti des arbres fruitiers que voici :

Le *papayer*, qui donne un gros fruit pulpeux et aromatique, dont le goût rappelle l'abricot.

L'arbre à pain, très-rare et ne donnant que des fruits mesquins, si ce n'est dans quelques cantons comme Touo et Hienguène.

Le *morenda citrifolia*, ⎫ Ne sont pas cultivés et ne
L'*eugenia malaccensis, unficus* ⎭ donnent que de mauvais fruits.

Ils mangent la souche, l'écorce ou le spathe des végétaux suivants qui ne sont pas cultivés :

Dolichos tuberones, grosse racine ligneuse, contenant de la fécule.

Cycas, voisin des grandes fougères, souche féculente.

Hibiscus tiliacues, ils en cultivent quelques pieds. L'écorce est mucilagineuse.

Pandanus, spathe comestible.

Scorsonère, racine féculente agreste.

Enfin, une espèce de *haricot*, importé de Tonga-Tabou.

L'*ananas* et le *bananier de Chine*, ont été importés par les missionnaires, dans les tribus d'Hienguène, Kacoala, Touo, Ouagap, Balade, Yaté, Conception.

Parmi les végétaux que je viens de signaler, les uns sont très-précieux pour la nourriture des indigènes, et même des Européens, les autres au contraire ne fournissent que des aliments de peu de valeur, qui ne sont utilisés qu'en temps de disette. Ainsi, à part l'igname, le taro, la patate douce, le cocotier, le bananier, tout le reste n'a qu'une valeur fort accessoire.

Le haricot serait fort bon, mais il est trop rare ; la canne à sucre qui prospère par toute l'île, n'est guère qu'un aliment de fantaisie propre à calmer la soif et à engourdir la faim. On ne peut pas se nourrir de sucre.

On a proposé d'utiliser économiquement l'igname à la confection du pain, en mêlant une certaine quantité de fécule d'igname à la pâte de froment. Il est vrai que la première, unie en faible proportion à la deuxième n'empêche pas la pâte de lever et la panification de s'accomplir ; mais le pain y perd de sa valeur nutritive, à peu près comme quand on mélange la fécule de pomme de terre à la farine de froment.

Les arbres suivants sont avantageusement employés pour les constructions.

Pin colonnaire (*araucaria columnaris*).
Melaleucra leucodendron (niaouli des indigènes).
Colophyllum inophyllum.
Casuarina equisetifolia.

Le premier, bien qu'il ait l'inconvénient d'être chargé de nœuds, sert de bois de mâture. Il croît de préférence au voisinage de la mer et sur les îlots madréporiques.

Le deuxième est un très-bon bois de débitage, tous les jours employé. C'est l'arbre le plus répandu dans le pays ; son écorce sert aux indigènes pour la construction de leurs cabanes.

Le troisième est très-propre à l'ébénisterie ; son bois est très-beau, dur, rouge, veiné. — Il est assez rare.

Le quatrième, qu'on appelle à tort en Nouvelle-Calédonie *arbre de fer*, est précieux pour le charronnage, à cause de la dureté de son bois.

Le véritable arbre de fer (sideroxylon) existe aussi dans le pays, mais il est rare.

Il y a d'autres arbres qui sont également propres aux constructions, mais qu'il est difficile d'aller chercher dans les montagnes ; tels sont :

L'*Antholoma,* de la famille des ébéniers ;

Le *Diacophyllum verticillatum,* voisin du dragonnier ;

Le *Commersonnia échinata.*

Diverses grosses espèces de :

Dammara.

Guardenia.

Guettardia

Les naturels des tribus de Ouagap et de Touo construisirent des pirogues avec un arbre qu'ils appellent *houpe.* Je n'en ai vu que des troncs qui provenaient d'arbres magnifiques, car ils n'avaient pas moins de 0^m,75 et même un mètre de diamètre, sur une longueur de 4 à 7 mètres.

Je suppose qu'on pourrait employer avantageusement dans l'ébénisterie le bigaradier, —*citrus communis.*—Cet arbre, qu'on trouve dans les gorges humides éloignées de la mer, atteint jusqu'à 6 et 7 mètres de hauteur.

On pourrait employer à coup sûr, pour la confection des meubles, le bois d'un *hibiscus,* qu'on appelle en Nouvelle-Calédonie *bois de rose.*

Le *Santal jaune,* commun autrefois, est devenu rare, parce qu'il est l'objet d'une exploitation très-active de la part des marins australiens, qui vont le vendre à très haut prix en Chine.

Voici d'autres végétaux qui pourraient être exploités par l'industrie :

Le Cotonnier indigène ;

Le Ricin, qui croît comme le précédent à l'état sauvage, et qui est magnifique ;

Le Cocotier ;

Cet arbre n'est pas seulement précieux pour la subsistance des indigènes et pour l'élève des volailles, il est encore susceptible de fournir aux colons un élément d'industrie et de commerce pour l'huile qu'on tire par expression de sa noix. Cette huile, impropre à l'alimentation à cause du produit âcre et acide qu'elle contient, à moins de la préparer avec beaucoup de soin, et de recueillir à part l'huile-vierge qui découle la première, cette huile, dis-je, est propre surtout à la fabrication du savon. On s'en sert beaucoup pour l'éclairage dans toute l'Océanie ; mais elle a l'inconvénient de détériorer les lampes en métal, et de produire une fumée abondante et de mauvaise odeur. L'acide qu'elle contient la rend également impropre au grainage des machines dont elle détériorerait les pièces, Mais, telle qu'elle est, elle a encore une certaine valeur sur les marchés d'Australie, et les négociants de ce pays achètent toute celle qu'on prépare en Nouvelle-Calédonie. Aussi, outre les aventuriers établis sur la côte, et qui en fabriquent, les indigènes de certaines tribus en font autant, surtout à Hienguène, pied à terre des caboteurs australiens. Les missionnaires de Pouébo ont installé une presse qui traite tous les cocos que leurs néophytes veulent y apporter. C'est un appareil infiniment préférable aux moyens grossiers usités ailleurs. A l'île Bélep, dans le nord, les indigènes, sous l'impulsion des missionnaires, ont accru singulièrement leur bien-être par les bénéfices que leur procure la vente de l'huile qu'ils se sont mise à fabriquer.

En résumé, le cocotier est une véritable richesse pour le pays, surtout pour les tribus qui, comme Hienguène, en ont pour ainsi dire une forêt. Malheureusement, beaucoup n'en sont pas aussi bien pourvues ; ce sont les plus faibles, celles qui ont été le plus souvent battues et ravagées. Le cocotier croît lentement ; mais au bout d'une dizaine d'années, il peut rapporter en moyenne cinq francs par an.

L'Aleurites, qui donne la noix de Bankoul, et qui croît en grand nombre dans l'île, pourra donner lieu à la même branche d'industrie que le cocotier ; car on tire de sa noix une huile succédanée de celle de ricin. Elle est bien préférable, pour l'éclairage, à celle de coco : car sa lumière est plus pure, et elle ne répand pas de mauvaise odeur. On n'a pas encore tiré parti de la noix de Bankoul en Nouvelle-Calédonie ; mais on y viendra, car elle est certainement capable de fournir des bénéfices à l'industrie, puisque, à Taïti, où la main-d'œuvre est si chère et où l'on n'est pas fort entreprenant, cette industrie a été inaugurée.

La Nouvelle-Calédonie possède deux plantes tinctoriales qui contribueront peut-être un jour à sa prospérité. Nous sommes loin sans doute de l'époque où les matières colorantes pourront être employées dans la localité ; mais l'Australie n'est pas loin, qui fabrique des tissus, et qui achèterait volontiers les substances tinctoriales que pourrait lui fournir la colonie française, si ces matières étaient reconnues bonnes et vendues à meilleur marché que les analogues, qu'il faut faire venir de l'ancien continent.

Eh bien ! je crois que notre colonie possède deux végétaux propres à cet objet, et j'ajouterai, pour ce qui regarde le premier que je vais étudier, que, s'il pouvait être acclimaté en France, ce qui n'est nullement impossible, il créerait une ressource aussi nouvelle que précieuse à notre industrie.

Le *Coleus* labié, d'une espèce nouvelle, est une plante herbacée très-rameuse, et qui atteint la hauteur de 0^m,75 à 1 mètre. Toute la plante, à l'exception des feuilles et des racines, est gorgée d'un suc violet. Je doute qu'il existe aucun végétal aussi riche en matière colorante.

Il croît spontanément par toute l'île, et recherche les terrains humides. Les indigènes le multiplient et le cultivent autour de leurs habitations.

Ils s'en servent pour colorer en violet-noir les pièces d'étoffe grossière dont ils se ceignent la tête ; mais comme ils ignorent l'art des *mordants* qui font, avec la matière colorante et l'étoffe, une combinaison indestructible au lavage, leur teinture n'est en réalité qu'une *couleur*, et n'a pas de solidité.

Voici comment ils tirent parti de la plante :

Ils la mâchent et expectorent leur salive chargée de suc colorant, dans un vase où ils font macérer pendant trois ou quatre jours l'étoffe qu'ils veulent teindre.

J'ai cherché les moyens de tirer un meilleur parti du précieux végétal, et j'ai fixé des teintures bleues, violettes et marrons par les procédés suivants :

Première teinture bleue. — J'exprimai le suc de la plante en la broyant, ou bien je la fis bouillir, et, dans ce cas, je concentrais la liqueur. Je mordançai, par le procédé ordinaire des teinturiers, un morceau de flanelle dans un bain saturé d'alun uni à une petite quantité de crême de tartre. Je plongeai l'étoffe chargée du mordant dans le bain colorant où je la fis bouillir quelques minutes, et laissai macérer une heure durant; ensuite, lavage au savon. Le résultat fut une teinture bleue solide, qui ne diffère de celle de l'indigo que par un reflet violacé. Cette pièce de molleton semble être un échantillon de l'étoffe qui sert à confectionner les vareuses des matelots. Quoique cette teinture le cède à l'indigo, pour la couleur et la solidité, si l'on songe que l'indigo est fort cher, et que nous en sommes tributaires de l'étranger, tandis que le Coleus, dont on pourrait faire à peu de frais de vastes plantations en Nouvelle-Calédonie, ne coûterait presque rien, peut-être trouvera-t-on le résultat obtenu assez encourageant.

Deuxième teinture violette. — Pour fixer cette couleur qui est celle naturelle du suc du Coleus, il suffit de mordancer l'étoffe dans un bain colorant moins chargé d'alun, et de la laver avant de la plonger dans le bain colorant. Cette couleur est très-belle.

Troisième teinture marron. — Mordancer avec le protochlorure d'étain, au lieu d'alun, et plonger l'étoffe chargée de mordant dans le bain de teinture.

J'ai lavé au savon les échantillons teints dans les trois couleurs susdites ; je les ai exposés au soleil de douze à vingt-quatre heures, et elles n'ont point changé.

En prolongeant cette exposition pendant longtemps (quinze jours ou un mois), la couleur s'altère profondément ; mais c'est le cas de toutes nos teintures dites de petit teint. Elles résistent du reste aux acides et aux alcalis faibles.

Comme il n'y a pas de manufacture en Nouvelle-Calédonie, et qu'il n'y en aura probablement pas de sitôt, il s'agit de trouver le moyen de conserver la matière colorante, et de la concentrer sous le plus petit volume possible, pour qu'elle puisse être exportée au moins en Australie. — Si on pouvait la précipiter du suc qui la tient naturellement en suspension, la dessécher et l'obtenir sous la forme de l'indigo qui s'extrait à peu près de cette manière, le résultat serait magnifique ; mais il est encore à trouver.

Le meilleur moyen que je connaisse est de concentrer le suc par la chaleur portée, non pas à l'ébullition, mais seulement jusqu'au point nécessaire pour coaguler l'albumine, 60° à 70°, et de conserver dans des bouteilles bien bouchées. La substance peut alors se garder longtemps sans s'altérer.

Après le Coleus, se range, sous le rapport de la valeur comme matière tinctoriale, la Souche ou racine du *morinda citrifolia*, petit arbre très-répandu dans les campagnes de la Nouvelle-Calédonie.

Cette racine donne, par ébullition, une liqueur fauve qui se fonce en couleur au contact de l'atmosphère. Les alcalis la font passer au rouge.

Les indigènes s'en servent pour teindre en rouge-brun leurs cordons de poil de roussette, et leur teinture est très-solide ; mais sa nuance n'est pas agréable à l'œil, et ne serait pas prisée dans le commerce.

Pour cela, ils dégraissent le poil de roussette tout tressé en le faisant bouillir dans une lessive de cendre, puis ils le teignent en le faisant bouillir dans une décoction de morinda, mêlée d'une certaine quantité de lessive.

L'analogie qui existe entre le morinda et la garance qui sont de la même famille, et la teinture préparée par les indigènes, m'engagèrent à chercher les moyens d'obtenir une couleur plus belle et plus vive, qui pût soutenir la comparaison avec celle de la garance, et la remplacer dans l'industrie locale.

La difficulté est de concentrer assez la couleur pour obtenir une teinte vive. Le moyen qui m'a le mieux réussi, est de râper l'écorce pour avoir une poudre, une sorte de sciure de bois, qu'on fait bouillir dans de l'eau, et de concentrer le liquide par ébullition jusqu'à ce qu'on obtienne une liqueur fauve, très-foncée. Alors on soumet *au bouillon*, dans ce bain colorant, l'étoffe, préalablement mordancée dans de l'eau de chaux où il suffit de la laisser séjourner à froid vingt-quatre heures.

On teint par ce procédé en un rouge assez solide mais sans éclat. Peut-être avons-nous demandé à cette plante plus qu'elle ne peut donner, et faut-il se contenter du jaune, qui est magnifique. Je mordançai à l'alun un morceau de flanelle et, le plongeant une heure durant dans le bain colorant bouillant, j'obtins un jaune clair d'une belle nuance et solide.

J'obtins un jaune plus foncé, plus brillant (le jaune d'or), en mordançant à l'alun et crème de tartre; teignant en rouge, avec la liqueur de morinda, virée par un alcali, et replongeant le tissu dans le bain de mordant bouillant.

C'est le moyen d'obtenir le jaune le plus solide.

Quant à la manière d'exporter la matière colorante, rien n'est plus facile; la racine conserve longtemps ses propriétés, car j'ai pu refaire mes expériences en France, avec une racine que j'avais depuis 7 mois. Pour l'exporter sous le plus petit volume possible, il faudrait la pulvériser et comprimer la poudre en pain, comme on l'a fait longtemps avec la garance.

Le règne végétal peut fournir aux arts et à la médecine d'autres ressources encore. Nous avons déjà cité le riein et l'aleurites dont on compte trois espèces au moins.

Les arbres à résine, sont nombreux à la Nouvelle-Calédonie.

1° La plus belle résine est fournie par les *Dammara*, et s'épanche naturellement sans qu'il soit nécessaire de faire d'incision à l'écorce. Elle coule en larmes qui, s'agglutinant ensemble, forment des gâteaux quelquefois énormes, pesant plus de 2 kilos. J'en ai possédé un échantillon de ce genre.

Cette résine est jaune, translucide, d'une odeur aromatique, quand elle est pulvérisée. Elle brûle facilement avec une flamme blanche très-éclairante, et répand en brûlant une odeur aromatique. Elle serait bien préférable pour l'éclairage à la résine dont on se sert dans les campagnes de France.

Les arbres qui la produisent sont nombreux en Nouvelle-Calédonie, de telle sorte qu'ils pourront tôt ou tard donner naissance à une petite branche de commerce.

2° La résine que fournit en abondance le *pin colonnaire* (araucaria columnaris) est beaucoup moins belle. Elle brûle difficilement et exhale alors une faible odeur de térébenthine. Elle s'agglutine et se ramollit moins bien et moins aisément que la précédente, de sorte qu'elle est ainsi moins propre à l'emploi dans les arts.

Cette résine se recueille en morceaux peu volumineux, irréguliers, de couleur rougeâtre, opaques, inodores. Les araucaria, qui la fournissent, sont des arbres gigantesques disséminés sur la plage, mais formant des bois véritables sur les îlots de corail, particulièrement à l'île de Pins.

3° La résine d'un arbre du genre *Gardenia* (rubiacées), de couleur jaune de soufre, d'odeur nauséabonde. Sa cassure est nette et vitreuse à la température ordinaire, mais à une température tant soit peu élevée elle devient malléable comme la cire. Elle ressemble à la poix des cordonniers.

Je pense que son mélange avec les précédentes, donnerait le produit le plus propre au calfatage et le plus propre aussi à remplacer le mélange de brai et de gallipot, que nous employons dans diverses industries sous le nom vulgaire de résine.

4° Le *calophyllum inophyllum*, laisse suinter une résine excitante, qui pourrait remplacer le styrax pour la confection d'onguent propre au pansement des ulcères atoniques.

Voici venir un produit qui ne serait pas le moins important, s'il pouvait être récolté en plus grande quantité, c'est la gomme d'une espèce d'*acacia*, qui me paraît très-propre à remplacer la gomme arabique aussi bien en thérapeutique que dans les arts.—Cette gomme qui s'échappe en larmes à travers l'écorce de l'arbre est d'une belle couleur rougeâtre, d'une saveur légèrement aromatique, et à cet égard, plus agréable que la gomme arabique.

C'est particulièrement au nord de l'île, dans les tribus de Pouëbo, Balade, Bondé, que se trouve cet arbre, dont la connaissance est due à MM. Montrouzier et Vieillard.

Les melaleucca *viridiflora* et *latifolia,* sont deux espèces voisines ainsi désignées par MM. Montrouzier et Vieillard. On les confondait avant eux sous le nom de melalaucca leucodendron donné par Forster, et sous lequel ils sont encore le plus connus. On les désigne ordinairement sous le nom indigène de niaouli.

Les premiers sont des arbres de haut jet, qu'on trouve partout dans les plaines et sur le flanc des montagnes; les seconds qui ne dépassent pas les proportions d'un arbuste, croissent partout côte à côte avec les précédents, et s'étendent jusqu'aux régions élevées et arides, inaccessibles aux premiers, les crêtes de montagnes.

Précieux aux naturels pour l'écorce qu'ils leur fournissent, et qui sert à l'édification de leurs cabanes, précieux aux Européens comme bois de construction, ces arbres peuvent encore fournir un remède contre la maladie.

Ils contiennent en effet, dans leurs feuilles, une huile essentielle qui donne à leurs organes l'odeur pénétrante aromatique, si connue de tout le monde en Nouvelle-Calédonie. C'est grâce à cet arome que ces feuilles sont chaque jour employées par les soldats et les colons, pour remplacer le girofle et la cannelle dans les préparations culinaires.

Dans le but d'extraire cette essence, j'ai distillé les feuilles des melaleucca, et obtenu une huile essentielle de couleur jaune clair, plus légère que l'eau, d'une odeur vive, pénétrante, aromatique, analogue à un mélange de térébenthine, de camphre et de menthe poivrée.

Sa saveur est piquante, chaude, un peu amère.

Elle est peu volatile, ce qu'on pouvait préjuger avant de l'avoir extraite, en observant que les feuilles qui la contiennent, sont presque aussi odorantes sèches que fraîches.

Elle est soluble dans l'eau, mais en beaucoup moindre proportion que dans l'alcool. Bien que les organes qui la contiennent en renferment une assez notable quantité, je ne crois pas qu'elle puisse en être extraite avec avantage par compression.

Je pense que l'huile essentielle des *melaleucca latifolia* et *viridoflora* est très-analogue à celle de Cajeput qu'on titre du *melaleucca cajeputé*.

Passant à la question de l'emploi de l'essence des *melaleucca latifolia* et *viridiflora* dans l'art médical, je dirai que son analogue, l'huile de Cajeput est d'un usage vulgaire en Australie, en frictions contre les douleurs rhumatismales.

Mon regrettable collègue Latour avait employé avec succès, les bains aromatiques de feuilles de *mela-*

leucca contre le rhumatisme articulaire chronique.

On sait que l'huile de Cajeput a été employée à titre d'excitant énergique dans la période algide du choléra, tant à l'intérieur qu'à l'extérieur, et je pense que celle de niaouli pourrait être employée de même comme médicament excitant dans les maladies où les remèdes de cette nature sont indiqués.

Puissé-je éveiller l'attention des colons sur un produit indigène que la nature leur a mis à profusion sous la main, et qui peut leur être quelquefois fort utile.

Il est un autre végétal qui, comme le précédent, fournit un principe aromatique utile à la médecine, c'est le *schœnanthe d'Arabie* (*Andropogon schœnauthus*), vulgairement dit *foin des Chameaux*. C'est une verte graminée qu'on trouve en tous lieux en Nouvelle-Calédonie, et que les Européens foulent machinalement sous les pas, tandis que les indigènes, par un instinct providentiel, en tirent un heureux parti contre des maladies auxquelles ils sont fort sujets, les flux intestinaux.

Les feuilles et les tiges de cette graminée doivent leur arome à une huile essentielle que j'ai tenu à extraire comme la précédente.

Son odeur est suave et aromatique, comparable à celle du citron, sa saveur est piquante et agréable, quoique un peu amère, sa couleur est d'un jaune clair, sa pesanteur inférieure à celle de l'eau. — Le procédé d'extraction qu'il convient d'employer est la distillation avec l'eau, et la réception du produit de distillation dans un récipient florentin (La méthode d'extraction par compression de la plante ne donnerait, je crois, aucun résultat).

L'*andropogon schœrauthus*, connue en Australie sous le nom de *limon-gras* y est employée, non-seulement dans la diarrhée simple, mais dans la première période de l'entérite et de la dyssenterie sporadique. Elle n'a certainement pas les propriétés énergiques des préparations opiacées, du tannin, de la ratanhia, etc.;—mais la tisane qu'on prépare avec elle est au moins un auxiliaire fort avantageux, qui peut même suffire dans les cas simples. C'est que la plante contenant une notable quantité de tannin, jouit de propriétés astringentes, et que son huile essentielle, stimulante et diaphorétique, exerce elle-même une action salutaire par les sueurs qu'elle provoque.

L'*andropogon* passé en Australie pour un succédané du thé, et les propriétés que je viens de faire connaître donnent en effet raison à cette opinion.

Mais je la crois plus propre encore à remplacer la mélisse.

En Nouvelle-Calédonie, où il est toujours facile de se procurer la plante fraîche, les produits de distillation sont de peu d'importance, et les colons auront bien plus tôt fait, en cas d'indigestion, de colique ou de diarrhée, de cueillir une poignée de l'herbe en question et de la faire infuser comme du thé (1).

Je passe aux plantes employées dans la médecine indigène. — Les Esculapes calédoniens font d'autant plus mystère de leur art qu'il est plus chimérique, et qu'il serait plus facilement accessible à tous si le secret en était éventé. Aussi préparent-ils leurs drogues en cachette, et ne divulguent-ils qu'à leurs enfants les mystérieuses recettes qu'ils ont eux-mêmes reçues de leurs pères.

Il est donc très-difficile de connaître toutes les plantes dont ils font usage, et qui sont d'autant plus nombreuses que le choix n'en est déterminé que par la superstition, la routine et le caprice de chaque praticien. J'en connais pourtant quelques-unes qui composent la pharmacie d'un adepte dont j'étais parvenu à capter la confiance, et qui, certain que je ne lui ferais jamais concurrence, se relâcha en ma faveur de sa discrétion habituelle.

Les voici :

1° *Hibiscus tiliaceus;*
2° *Sida rumbifolia;*
3° *Palétuvier;*
4° *Vitex agnus castus;*
5° *Melaleucca leucodendron;*

---

(1) J'ai apporté en France les préparations dont il vient d'être question et un bienveillant et savant professeur de la faculté de Paris à qui j'en avais offert des échantillons, m'a fait l'honneur de consacrer une place dans son *Répertoire de pharmacie* à leur publication (août 1860).

6° *Calophyllum inophyllum* ;
7° *Guettardia speciosa* ;
8° *Une autre rubiacée* ;
9° *Un Eucalyptus* ;
10 *Leptospermum virgatum* ;
11° *Cerbera manglino* ;
12° *Ochrosia elliptica* ;
13° *Rhusatra* ;
14° *Un Exphorbe* ;
15 *Un urticée* ;
16° *Acacia laurina* ;
17° *Cœanothus asiaticus* ;
18° *Desmodium austral* ;
19° *Dodonea viscosa* ;
20° *Deux aurantiacées* ;
21° *Un aleurites* ;
22° *Avicenia résinosa* ;
23° *Un argophyllum* ;
24° *Un gardénia* ;
25° *Un Elianthemum* ;
26° *Dilivaria Ilicifolia* ;
27° *Acrosticum aureum* ;
28° *Casuarina équisetifolia* ;
29° *Un arabe voisin des cinchonas ou quinquinas* (1).

---

(1) Dire que je dois la détermination de ces plantes à un botaniste aussi distingué que le R. Père Montrouzier, c'est appeler sur elle toute la confiance du lecteur.

De toutes ces plantes, les unes ont une efficacité réelle, les autres n'en ont peut-être aucune ou du moins aucune que nous connaissions.

Les deux premières sont émollientes et peuvent remplacer nos mauves pour l'usage interne et externe.

La troisième contient une notable quantité de tannin, et j'ai dit quel usage en font les indigènes contre la dyssenterie.

Le fruit de la quatrième est piquant et peut à la rigueur remplacer le poivre, c'est-à-dire qu'il renferme un principe âcre dont on peut tirer parti en thérapeutique. On connaît déjà les propriétés connues du melaleucca et du calophyllum.

Les septième et huitième appartiennent à une famille prodigue de ses dons à la matière médicale, et il n'est pas impossible qu'elles jouissent de quelqu'une des propriétés des rubiacées médicales, dont les unes sont fébrifuges par leur écorce comme les quinquinas, d'autres émétiques par leur racine comme le céphaëlis ipécacuanha, d'autres toniques comme la garance, d'autres antispasmodiques par leurs sommités fleuries comme les gaillets.

9° L'écorce de l'*eucalyptus* est tannante.

10° Plusieurs espèces du genre *leptospermum* sont employées comme succédanés du thé à défaut de celui-ci, par les colons de la Nouvelle-Hollande et de la Nouvelle-Zélande.

Les onzième, douzième, treizième et quatorzième

sont plus utiles à l'empoisonneur qu'au médecin. On verra à quel titre les Esculapes calédoniens en usent.

Les feuilles et les fleurs des aurantiacées ou orangers jouissent sans doute de propriétés antispasmodiques, comme celles de l'oranger dont nous tirons parti en Europe.

Le fruit de l'aleurites est purgatif pour l'huile qu'il contient et qui est succédanée de celle de ricin.

Je ne connais aucune propriété aux autres.

Les remèdes précédents sont administrés les uns à l'intérieur, les autres à l'extérieur. On en fait des tisanes, des cataplasmes, des fomentations, des frictions, des fumigations. — La Nouvelle-Calédonie possède une flore vénéneuse dont il faut se méfier. Outre les sujets déjà cités, à propos de la pharmacie des indigènes, il y a encore une espèce de *mancenillier*.

L'*excœcaria atrox* (arbre aveuglant des Moluques).

Le *ximenca elliptica*, — une *sophorée*.

Les défricheurs, et tous ceux qui coupent des arbres, doivent se méfier de la sève du *rhus atra* qui produit une vésication violente sur la peau qu'elle touche. Quand l'endroit est de peu d'étendue, le poison reste sans effet général, mais il n'en est pas de même s'il a été appliqué sur une surface un peu grande. Un homme distingué et d'un dévouement à toute épreuve, le R. Père Forestier, voulut en faire l'essai sur lui-même avant de l'employer en vésicatoire sur un naturel malade. Il faillit payer de sa vie cette généreuse imprudence; cependant le vésicatoire était de petite dimension. Le moindre accident qui en résulta fut une plaie très-longue à guérir. C'est une manifeste exagération que de dire que les seules émanations de cet arbre donnent à celui qui se repose sous son ombrage, des démangeaisons et des pustules.— Les naturels mangent l'amande de son fruit cuit sous la cendre.

On verra plus tard que les végétaux toxicophores sont une arme meurtrière entre les mains des sorciers qui savent *jeter des sorts* terribles, moyennant une petite dose de poison, adroitement glissée dans la marmite de celui qu'ils veulent perdre.

Avant de laisser de côté la partie botanique de ce travail, je jetterai un coup d'œil d'ensemble sur la végétation du pays. Elle n'a ni la vigueur ni la beauté de celle de l'Amérique tropicale, dont chacun connaît au moins par ses lectures les magiques splendeurs, mais elle ne manque pourtant ni de grâce ni de sève. Placée sur la limite des tropiques, elle participe des caractères de la flore équatoriale et de celle des pays tempérés. — Souvent dans la plaine couverte d'une herbe longue et drue, on ne rencontre que des melaleucca clairsemés, arbres d'une moyenne dimension et d'une verdure équivoque; les bosquets toutefois n'y sont pas bannis. Mais ce n'est pas là qu'il faut chercher les grands arbres, c'est dans les montagnes. Nues et décharnées en certaines localités, elles sont très-boisées en d'autres; les gorges qui séparent leurs massifs, les anfractuosités qui déchirent leurs flancs, se dérobent sous une épaisse et puissante végétation, où se font remarquer des fougères gigantesques, de 10 mètres de hauteur et des arbres magnifiques propres aux constructions navales. On ne peut se dissimuler cependant que les troncs d'un diamètre et d'une hauteur considérables sont relativement rares.

V

RÈGNE ANIMAL

Ce que j'ai fait pour le règne végétal, je vais le tenter pour le règne animal, c'est-à-dire en donner un aperçu, tout en m'appliquant au côté pratique, et immédiatement utile de la question.

La faune calédonienne n'est pas riche :

Les *mammifères* n'y sont représentés que par une grande chauve-souris, la roussette. Il en est qui ont plus d'un mètre d'envergure. C'est le seul gibier des indigènes, et leur mets de prédilection. Les porcs, chiens, chats, rats ont été importés par les Européens.

Les *oiseaux* ne sont pas très-nombreux, surtout quant aux genres et aux espèces. Il n'en est point qui soient de nature à piquer vivement la curiosité du voyageur, comme en Australie le magnifique ménure-lyre, ou comme les étincelants colibris de l'Amérique tropicale. Cependant un certain nombre de petits oiseaux de cette espèce se font remarquer par leur riche plumage et l'élégante pétulance de leurs mouvements. Mais c'est aux perruches et aux tourterelles qu'appartient la palme de la beauté. Sous le splendide soleil du tropique, leur plumage étincelle des reflets de l'émeraude, du rubis et de la topaze. Les chasseurs qui poursuivent dans les bois un gros ramier à plumage sombre, rencontrent quelquefois un oiseau de même famille, remarquable par l'élégance et la délicatesse de ses couleurs. De même, en chassant dans les marais les canards et les sarcelles, a-t-on parfois la bonne fortune de tuer une magnifique poule sultane.

Quant aux oiseaux chanteurs, ils sont extrêmement rares. Aussi la solitude des bois n'est-elle point égayée comme dans notre France par de ravissantes mélodies; là-bas un morne silence règne dans les forêts, ou quand un son se fait entendre, c'est le caquetage de la perruche ou le mélancolique roucoulement de la tourterelle.

Les *reptiles* sont rares, et pas un seul n'est dangereux. Des lézards, des geckos, des serpents d'eau, qui habitent la mer et la grève, des tortues marines, sont les seuls qui existent.

Les geckos sont de dégoûtants animaux que les indidènes ne dédaignent pourtant pas de manger à l'occasion.

Quant aux tortues, outre qu'elles fournissent aux Européens un mets savoureux, et aux indigènes un plat de choix réservé pour les chefs, elles sont assez nombreuses pour alimenter un petit commerce d'écailles. On en pêche quelques-unes par toute l'île ; mais c'est dans le nord, sur les récifs de d'Entrecasteaux, que la pêche est la plus fructueuse. Les traitants déposent, sur des îlots déserts et à peine émergés, quelques-uns de leurs employés, qu'on va recueillir quelques mois après avec leur récolte d'écailles.

La tortue Caret, qui, comme chacun sait, produit la plus belle écaille, et d'autres espèces moins précieuses, fournissent cette marchandise.

On ne connaît aucun *batracien*.

Il y a un petit *scorpion* qui se glisse jusque dans les maisons, mais dont jamais personne n'a eu à se plaindre.

Outre une grosse *araignée*, qui tisse des toiles très-solides, il y a à l'île des Pins, et non sur la grande terre, une araignée dont la morsure venimeuse détermine des accidents fébriles sans danger, il est vrai, mais assez désagréables pour que les indigènes aient avisé aux moyens de s'y soustraire. Ils y réussissent en exprimant, sur la plaie encore toute fraîche, le suc d'une herbe très-répandue dans le pays.

La grosse araignée, dont il a été parlé d'abord, est

tout à fait inoffensive. Les naturels la croquent à belles dents.

Il est un insecte qui, par intervalles, frappe le pays de véritables plaies d'Égypte : c'est la *sauterelle acridium migratorium* des zoologistes.

Quand elle s'abat par légions innombrables sur une localité, la campagne est bientôt dégarnie de feuillages. Les déjections de ces armées d'insectes couvrent la terre comme le ferait une pluie de sable, et contribuent, avec la corruption de leurs cadavres, à infecter l'air. La recrudescence des maladies, et quelquefois des épidémies terribles, arrivent à la suite de ces invasions, qui apportent à la fois la famine et l'infection. Elles semblent heureusement être rares ; car on n'en a pas eu depuis l'occupation française. On voit des sauterelles en tout temps, mais isolées, et leur action passe alors inaperçue.

Si le criquet dévore les plantations des indigènes, en revanche, les indigènes mangent le criquet ; mais il n'y a pas compensation.

Au dire des naturels, la sauterelle n'aurait fait apparition dans leur pays que depuis un petit nombre d'années, et ce serait les caboteurs australiens qui leur auraient apporté ce funeste présent. Ils en sont bien capables, et malheureusement ce n'est peut-être pas le pire qu'ils leur aient fait (1).

---

(1) Les sauterelles causent parfois les mêmes ravages en Australie. Dans les environs de Sydney on a fumé des champs avec leurs cadavres amoncelés.

Le *moustique* est encore un insecte fort incommode qui pullule dans l'hivernage, et remplit, pour ainsi dire, l'atmosphère. — C'est pour se débarrasser de leur affreux voisinage, que les indigènes entretiennent de la fumée pendant toute la nuit dans leur cabane, à laquelle ils ne font qu'une ouverture exiguë, qui sert à la fois de porte, de fenêtre et de cheminée.

Les rivages de la Nouvelle-Calédonie sont très-poissonneux. Malheureusement, à côté de poissons d'une chair saine, délicate et savoureuse, se rencontrent des poissons vénéneux qui devraient être de connaissance vulgaire, pour éviter la reproduction des malheurs qui ont déjà frappé nos marins.

Ce sont :

1° La *sardine vénéneuse* qui, en 1856, causa la mort de cinq hommes de la corvette à vapeur le *Catinat*, en rade de Balade. Ce poisson n'est pas toujours malfaisant, et nous en avons mangé nous-même à l'instar des indigènes, sans le moindre inconvénient. Mais il faut s'en priver quand il a ses œufs, ou au moins le vider soigneusement avant de le cuire.

Je pense que la sardine et les autres poissons vénéneux de la Nouvelle-Calédonie doivent leur toxicité à leurs œufs, et que, si toute leur chair est malsaine, leurs œufs le sont bien davantage encore, et sont *peut-être seuls capables de donner la mort*. Voici les faits sur lesquels je m'appuie : le malheureux événement du

Catinat a eu lieu à l'époque du frai, et les sardines étaient pleines d'œufs.

Celui qui a eu lieu à bord du *Styx*, dont j'étais le chirurgien-major, a été déterminé par les œufs d'un *tétrodon*, dont la chair n'a pas causé d'accident.

J'ai tué un chat avec cinq grammes d'œufs seulement, tandis qu'un chien, à qui je fis manger un tétrodon tout entier, mais un tétrodon qui n'avait pas d'œufs, n'a été que fort peu malade, si tant est qu'il l'ait été.

J'ai donné les entrailles d'un *diodon* sans œufs à un chat, qui a subsisté comme le chien. Le diodon est de la même famille que le tétrodon, et aussi redouté des indigènes.

Enfin j'invoquerai l'analogie. Des accidents graves ont souvent été déterminés en France par les œufs de divers poissons, mais surtout du brochet.

Je ne prétends pas donner à mon opinion une certitude qu'elle n'a pas encore. De nouvelles expériences sont nécessaires. Elles sont faciles ; il suffirait de s'assurer que les mâles sont toujours inoffensifs.

2° Le *tétrodon*, qui a causé, au mois de septembre 1857, à bord du *Styx*, quatre empoisonnements, dont deux ont été suivis de mort.

Ces empoisonnements ont été dus à la partie du poisson vulgairement appelée la *rogue*, et qui n'est autre que les œufs contenus dans le corps de l'animal. Les quatre hommes empoisonnés étaient les seuls qui en eussent mangé. La chair du même poisson, mangée en petite quantité à la table du commandant du navire, n'a point causé d'accidents ; mais je n'oserais conseiller de s'y fier aveuglément. Il paraît, en effet, qu'elle détermine des accidents quand elle est mangée en quantité notable ; plusieurs personnes en ont été malades, m'a-t-on dit, et les naturels que j'ai interrogés à cet égard s'en abstiennent. — Il y a plusieurs espèces de tétrodons en Nouvelle-Calédonie, toutes vénéneuses. Celle qui a empoisonné les marins du *Styx* est la mouchetée *tétrodon maculatus*. Forster donna le nom de *tétrodon sceleratus* à celle qui empoisonna les matelots de Cook dans les mêmes parages. C'est peut-être la même.

Les symptômes de l'empoisonnement commencent par des fourmillements, puis viennent des convulsions, et une paralysie qui gagne tous les organes. La mort survient promptement, ou bien le malade se relève peu à peu sans garder aucune suite fâcheuse et durable de l'accident.

3° Le *diodon*, de la même famille que les précédents, et aussi redouté des indigènes. Il y en a aussi plusieurs espèces, dont une a la peau couverte d'aiguillons : *diodon épineux*. C'est celle qui m'a servi dans mes expériences.

4° Le *lethrinus mambo*. Je dois à l'obligeance du Révérend Père Montrouzier la note suivante :

« Ce poisson atteint la taille de sept à huit décimètres, et, arrivé à cet âge, il est fort vénéneux, tandis qu'on mange les plus jeunes impunément. Plusieurs

4.

missionnaires ont été gravement incommodés pendant quinze à vingt jours pour avoir mangé de l'animal adulte.

» Un chat, y ayant touché, en est mort. Les indigènes ne laissent pourtant pas de le manger quand ils sont pressés par la faim. Ils atténuent alors la force du poison en faisant cuire l'animal deux ou trois fois. Les individus de la taille de 13 à 14 centimètres peuvent être mangés impunément. » — Je prie de remarquer ce fait que le lethrinus adulte, c'est-à-dire le seul capable d'avoir des œufs, est toxique, tandis que le jeune ne l'est pas. Ce poisson est appelé, par les naturels du nord de l'île, *mambo*, nom qui a servi à M. Montrouzier à désigner l'espèce lethrinus-mambo.

5° Le *sparus erythrinus* doit au moins être tenu en suspicion, à cause du voisinage des Nouvelles-Hébrides, où ce poisson est dangereux, au rapport de Forster.

» En sortant de Mallicolo (l'une des Hébrides), on
» avait pris un poisson qui parut être un sparus ery-
» thrinus ; tous ceux qui en mangèrent furent pris de
» tranchées, de douleurs aiguës, de vertiges : leur corps
» se couvrait de boutons ; ils éprouvaient une langueur
» mortelle. Cependant il n'y eut qu'un chien et un co-
» chon qui en moururent. On pense que ce poisson ne
» devient dangereux que quand il s'est nourri de cer-
» taines espèces de méduses. » (Relation des voyages de Cook). C'est le même poisson qui avait failli tuer le navigateur espagnol Quiros, qui découvrit les Nouvelles-Hébrides.

Je dirai, sans en tirer aucune conclusion, que les rivages de la Nouvelle-Calédonie se couvrent de méduses à certaines époques.

6° M. Montrouzier signale comme dangereux une *sphyrène*. On sait que la bécùne, qui est une sphyrène (*sphyrena becuna*), a plusieurs fois et en divers parages, causé des accidents.

7° Le *coffre* ou *astracion*, qu'il ne faut pas confondre avec les diodons et tétrodons, que les matelots appellent du même nom en Nouvelle-Calédonie, le coffre, dis-je, quoiqu'il eût été reconnu malsain partout, ne mérite guère une place dans cette liste; car je ne crois pas qu'on puisse être tenté de manger de ce poisson qui n'a que la carcasse et la peau, si je puis me permettre cette expression vulgaire.

Enfin, un coquillage que l'on trouve entre les racines de palétuviers, et qui appartient au genre *cyrénule*, est, suivant M. Montrouzier, souvent vénéneux.

En règle générale, il ne faut pas manger de coquillages crus, excepté les petites huîtres de rocher, qui sont fort bonnes et fort saines. Il est bon de savoir que les mêmes poissons sont toxiques en un temps, et sains en un autre, et qu'il est difficile de les connaître tous ; les personnes qui vivent depuis longtemps dans le pays et les indigènes eux-mêmes s'y laissent prendre.

Je ne mentionnerai ici que pour mémoire le remède qu'emploient les indigènes contre l'empoisonnement :
— Ils prennent un paquet de graminée qui croît spon-

tanément dans leurs campagnes, le *coïx lacryma jobis*, le froissent fortement contre une pierre, de manière à faciliter l'écoulement du suc, l'imbibent d'eau de mer, et expriment dans leur bouche le liquide qu'ils avalent.

Cette boisson provoque des vomissements, et c'est probablement à cela que se borne toute l'action du remède.

Outre les poissons vénéneux, la mer recèle d'autres hôtes ennemis de l'homme : tels sont les terribles requins qui foisonnent dans ces parages, ce qui n'empêche pas les indigènes de rester des heures entières à la nage, du moins en plein jour ; mais après le coucher du soleil, ils ne s'y fient plus. Dans nos tournées sur la côte, nous recevions toujours de nombreux visiteurs qui arrivaient la plupart à la nage. Les retardataires, que la discipline du bord, et quelquefois aussi la prudence forçait de congédier bon gré malgré après le branle-bas du soir, faisaient toutes sortes de façons avant de se jeter à l'eau, et tenaient vivement à profiter d'une pirogue. C'est que les indigènes, excellents nageurs, évitent le requin qui évolue difficilement ; mais pour cela, il faut le voir.

Un poisson d'une laideur horrible, qu'il suffit d'avoir vu une fois pour se le rappeler à jamais, et qui habite les fonds vaseux dans lesquels il se cache, comme dans la baie de Pouébo; ce poisson, dis-je, couvert d'épines fortes et acérées, peut être cause de grands malheurs, parce que les piqûres aux pieds sont, dans les pays chauds, plus capables encore que chez nous, de produire le tétanos. Cet opprobre de la création est un *scorpène*.

L'oursin cause aussi de petites blessures fort désagréables, mais sans danger, parce que ses piquants très-fragiles s'enfoncent très-peu dans le pied. Ils se cassent dans l'épiderme.

Les côtes abondent en *crustacés* (crabes, langoustes), que j'ai toujours vu manger sans inconvénients, en *mollusques* recherchés des indigènes pour leur chair, et des amateurs pour leurs brillantes couleurs. — Chacun sait que les *zoophytes* abondent dans les eaux qui baignent notre possession mélanésienne, et il suffit de rappeler à ce sujet les récifs gigantesques qui sont leur ouvrage.— Les éponges ne sont pas rares. Les méduses sont très-abondantes; malheureusement cette abondance est de nulle ressource; mais l'holothurie qu'on pêche en grande quantité procure de beaux bénéfices au commerce qui va les vendre fort cher en Chine (20 à 30 c. la pièce). A ce point de vue, elles sont d'une grande ressource pour les indigènes qui les pêchent et qui les vendent aux traitants à bas prix, il est vrai, mais en grande quantité.

On a vu déjà, par l'énumération qui précède, que la faune calédonienne ne participe à aucun de ces caractères originaux qui distinguent celle de l'Australie. Ainsi, on n'y voit point de marsupiaux, point de monotrèmes. Elle ne possède non plus aucun animal qui lui soit propre. Elle n'a donc rien qui puisse piquer vivement la curiosité des savants.

Mais, comme les colonies ne sont pas faites en définitive pour les savants, on se consolera facilement de ce défaut d'originalité, en songeant que pas un seul animal dangereux ne menace, en Nouvelle-Calédonie, la vie du laboureur qui défriche la plaine stérile, et du pionnier qui ouvre des voies nouvelles dans la forêt.

VI

CLIMAT

§ 1er

En Nouvelle-Calédonie, comme dans tous les pays inter-tropicaux, l'année se partage en deux saisons : l'hivernage ou saison des pluies et des chaleurs, et la saison sèche ou fraîche.

La première commence dans les premiers jours de janvier, et finit en avril; la deuxième comprend le reste de l'année. Comme on le pense bien, la transition de l'une à l'autre ne se fait pas brusquement, en sorte qu'on pourrait admettre deux saisons intermédiaires ou demi-saisons de courte durée, représentant le printemps et l'automne.

La moyenne ordinaire de température est entre + 22° et + 23° centigrades. On peut dire que de mai en novembre, la température est très-douce, et très-agréable pendant le jour et fraîche pendant la nuit. Les mois les plus frais sont ceux de juillet et août.

Les mois les plus chauds sont ceux de janvier et février.

Le mois le plus frais, en 1858, a été juillet qui m'a donné pour moyenne + 20,1.

Le mois le plus chaud a été février qui m'a donné + 26,8.

La différence entre les moyennes maxima et minima de juillet a été de 6,7.

La différence entre les moyennes maxima et minima de janvier et février est, à quelques dixièmes près, de 5 degrés.

Dans la belle saison le ciel est beaucoup plus pur et par conséquent le rayonnement nocturne beaucoup plus considérable, ce qui explique que la différence plus considérable entre les moyennes maxima (jour) et minima (nuit) ait été dans le mois de juillet.

Dans les mois les plus frais, le thermomètre ne monte pas au-dessus de + 26 à 27° et ne descend pas au-dessous de + 14 à + 13.

Dans les mois les plus chauds, le thermomètre monte jusqu'à 35 et 36° et se tient le plus souvent de midi à 2 heures à 30°. Pendant la nuit il descend rarement alors au-dessous de + 25.

La moyenne barométrique annuelle a été en 1858 de 758,2. C'est pendant l'hivernage, en janvier, février, mars, que le baromètre est le plus bas. La moyenne de ces trois mois a été 754,7. C'est en mai, juin, juillet, qu'il est le plus haut : la moyenne des trois mois a été 762,8.

En règle générale : le mercure monte par les vents d'E.-S.-E. ou alizés; il baisse par les autres vents, surtout par celui de l'ouest. — Je ne l'ai pas vu au-dessous de 749 ni au-dessus de 765.

Par les dénominations de saison sèche et de saison pluvieuse, il ne faudrait pas entendre des époques dont l'une serait complétement privée d'eau et l'autre soumise à des ondées presque continues.

Aucun mois de l'année n'est rigoureusement privé d'ondées bienfaisantes, et l'hivernage compte aussi des journées complétement sèches.

Le tableau suivant, fait pour les douze mois écoulés entre octobre 1858 et octobre 1859, peut donner une idée de la répartition des pluies, bien que cette répartition varie dans certaines limites d'une année à l'autre, et qu'il n'indique que les jours de pluie et non la quantité d'eau tombée. Cette quantité est presque toujours plus considérable dans les journées d'hivernage que dans celles de la saison sèche.

JOURS DE PLUIE

Octobre.	Novembre.	Décembre.	Janvier.	Février.	Mars.
6	9	7	14	16	15
Avril.	Mai.	Juin.	Juillet.	Août.	Septembre.
16	8	7	7	8	4

Les rosées sont peu abondantes en Nouvelle-Calédonie, comparativement à ce qui se passe dans la plupart des autres pays inter-tropicaux, ce qu'on peut expliquer par l'agitation habituelle de l'atmosphère. Les orages sont très-rares et n'ont guère lieu qu'au commencement de l'hivernage, alors que les premières pluies, tombant sur un sol depuis longtemps échauffé, déterminent un dégagement abondant de vapeurs, source principale de l'électricité atmosphérique en tous climats. Ils sont d'ailleurs peu violents, et je puis avancer sans témérité qu'il est bien peu de pays où l'on entende aussi rarement et aussi faiblement gronder le tonnerre.

L'alizé d'E.-S.-E. est le vent généralement régnant.

L'époque des pluies est aussi celle des calmes qui ne sont jamais de longue durée et arrivent ordinairement au coucher du soleil; c'est aussi celle des vents irréguliers. Le mois de janvier est celui des ouragans qui sont heureusement rares. Ils sont loin, d'ailleurs, d'avoir la violence de ceux des Antilles et d'autres pays où ils portent la désolation.

§ II

Le climat de la Nouvelle-Calédonie laisse peu à désirer sous le rapport de la salubrité. — L'hivernage compte, à la vérité, des journées de chaleur très-élevée; mais il est rare qu'une brise bienfaisante ne la tempère pas : cette ventilation naturelle prévient les sueurs profuses, qui sont pour l'économie une source de pertes incessantes, et débilitent, en un mot, l'organisme entier. La différence de chaleur du jour à la nuit oscille dans des limites assez restreintes, et, si elle suffit pour déterminer des maladies chez les naturels qui ne savent pas se mettre en garde contre elle, elle n'offre pas de dangers sérieux pour des gens vêtus et logés convenablement. La température moyenne n'est pas très-élevée, et il faut bien que l'hématose trouve les éléments nécessaires à son parfait accomplissement, puisqu'on ne voit point ici dans la population européenne ces faces pâles et ictériques qui trahissent, en d'autres climats, une respiration languissante et une activité anormale de l'organe complémentaire des poumons.

Si la rareté de la *rosée* est aux dépens de la fécondité du pays, elle est en revanche à l'avantage de sa salubrité. Ne voit-on pas, partout où le règne végétal se fait remarquer par une exubérance de sève dont tous les éléments conspirent à favoriser l'essor, l'homme disputer misérablement son existence aux influences qui l'entourent?

La rosée d'ailleurs, tombant sur un sol riche de détritus organiques qui s'est échauffé durant le jour des rayons d'un soleil de feu, provoque ces fermentations immondes dont les effluves empoisonnent l'air qui a charge d'entretenir notre existence. Quand le soleil du matin vient rendre à l'état gazeux la vapeur condensée pendant la nuit, les couches d'air inférieures saturées d'humidité deviennent le véhicule des miasmes putrides qu'elles entraînent au gré de tous les courants atmosphériques. — Telle est l'influence pernicieuse qu'exercent dans les contrées tropicales ces rosées d'ailleurs si favorables à l'activité du règne végétal, influence qui ne pèse pas au même degré sur cette île où les rosées sont plus rares et surtout moins abondantes.

Les *pluies* jouent-elles le même rôle? Pas tout à fait, à mon sens, car elles n'ont pas la même continuité; et d'ailleurs elles entraînent une partie des détritus que les torrents et les rivières se chargent de porter à la mer, immense et salutaire réceptacle de toutes les immondices. Il est certain pourtant que dans l'hivernage elles causent le débordement des rivières, l'inondation des terres basses et la formation de flaques d'eau plus ou moins permanentes dans les terrains peu perméables, conditions malfaisantes dont l'influence se confond naturellement avec celle des marais que j'étudierai tout à l'heure.

Quant à l'action des *vents*, elle est en somme salutaire. La Nouvelle-Calédonie est comprise dans la zone de l'alizé d'E.-S.-E. qui ébranle incessamment son atmosphère.

La rareté des calmes plats n'est pas sans importance.

Matin et soir, il y a échange d'atmosphère terrestre et marine, celle de terre s'étant plus refroidie pendant la nuit et plus échauffée pendant le jour que celle de mer (brises de terre et de mer). De là résulte un double avantage, à savoir : une ventilation permanente, et l'échange d'un air plus ou moins vicié contre l'air pur et bienfaisant de la mer.

Cependant tout n'est pas pour le bien : les vallées qui viennent s'ouvrir du côté de la mer sont autant de portes dans lesquelles s'engouffre le vent. Leur direction détermine celle de véritables courants d'air qui marchent tantôt vers l'intérieur des terres, tantôt se précipitent vers la mer. La population de ces vallées en subit l'influence, influence bienfaisante en ce que les miasmes et les vapeurs sont balayés activement, malfaisante en ce sens que les variations de température sont rendues plus sensibles. Il va sans dire que c'est le matin et le soir que les courants d'air sont le plus frais, et que c'est surtout alors qu'il importe de se mettre en garde contre eux par des vêtements appropriés.

Les conditions telluriques du climat ne sont pas aussi bonnes que celles qui viennent d'être passées en revue.

Les terrains argileux, malheureusement trop répandus, retiennent les eaux pluviales ou celles qui débordent des ruisseaux et des rivières.

Le sol sablonneux du nord-est de l'île et les micaschistes dont il est un produit de désagrégation, s'échauffent outre mesure, et réfléchissent les rayons solaires d'une façon compromettante pour l'organe de la vue.

De ces deux influences, la première est certainement la plus grave et la plus générale, et c'est celle dont je vais m'occuper. Elle agit dans des proportions d'autant plus considérables, que l'homme ne fait rien pour l'entraver.

On connaît déjà l'assiette des marais et marécages, lesquels peuvent se classer en trois catégories :

1° Bassins d'eau douce ;

2° Bassins d'eau saumâtre ;

3° Atterrissements fluviatiles et plages marines.

En dehors de ces catégories se placent les sols bas et eu perméables, qui, retenant l'eau des pluies, sont ujours humides, renferment de petites mares disperées çà et là, et sont riches d'un terreau gras et noir, ais dont la végétation n'a aucun des caractères de la ore paludéenne. Dans la même classe se rangeraient es terres qui reçoivent dans l'hivernage le débordeent des rivières, mais de l'eau douce seulement 'elles conservent plus ou moins longtemps, grâce à leur peu de perméabilité, et dont la végétation n'emprunte rien non plus à la flore paludique.

La constitution géologique des trois classes de marais précédemment établies se résume ainsi : fond argileux ou argilo-siliceux, avec un lit de tourbe pour les bassins; fond de galets, sable, vase, dépôts d'alluvions de toutes espèces, avec une couche épaisse de tourbe salie de vase et de sable, pour les atterrissements fluviatiles et les plages marines. Ainsi, le marais situé sur l'emplacement de Port-de-France, qui entre dans cette dernière classe, et dont j'ai pu facilement étudier le fond, puisqu'il a été desséché en partie, et qu'on l'a fouillé pour des constructions, m'a présenté la constitution suivante : couche de vase et d'argile rouge, semblable à celle des hauteurs voisines, à la superficie; cette couche a environ $0^m,20$ d'épaisseur; puis, si bas qu'on ait creusé (et on est allé jusqu'à deux mètres au moins), on n'a trouvé qu'un terreau gras et noir, riche en débris végétaux imparfaitement décomposés, une sorte de tourbe mélangée de matières terreuses et sablonneuses. Les marais situés à l'embouchure de la rivière de *Conception*, qui entre encore dans la catégorie des plages marécageuses, présente un fond tout à fait analogue au précédent.

La flore de ces marais est la suivante :

Les bassins d'eau douce ou d'eau saumâtre sont couverts de joncs, entre lesquels croît la lentille d'eau (lemna), et une rubiacée du genre dentella. Les atterrissements limoneux, les plages marécageuses en général sont peuplés des végétaux suivants :

Mangliers, en plus grand nombre que le reste ;
Palétuviers, rares par rapport aux précédents ;
Carollia, fort analogues aux palétuviers ;
Avicenia resinosa ;
Ejicerus, sur les bords.

Cette même végétation forme un rideau plus ou moins épais à la plupart des rivières jusqu'à une certaine distance de leur embouchure ; elle apparaît aussi sur les bords des bassins d'eau saumâtre.

Ces arbres couvrent en somme une superficie considérable.

De tous les marais et marécages que nous venons de passer en revue, les uns exposent, par intervalles, leur fond à l'action directe de l'air et du soleil ; les autres, jamais. Ainsi, il est des bassins qui ne découvrent en aucune saison ; d'autres, moins profonds, découvrent, au moins en partie, dans les sécheresses.

Il est des atterrissements limoneux que les eaux n'envahissent que dans les grandes crues et dans les grandes marées ; d'autres qui en reçoivent une certaine quantité, chaque jour, à l'heure du flot.

Les plages purement marines, mais basses et marécageuses, sont inondées et découvertes alternativement à chaque marée, dans une certaine partie de leur étendue ; l'autre portion ne l'est qu'accidentellement, comme quand un vent violent y pousse le flot, et présente d'ordinaire à l'action directe de l'air et du soleil, une surface humide, vaseuse, couverte de détritus de toutes espèces.

Outre les espaces dont il vient d'être question, outre les terrains humides et riches de terreau, il y a encore de grandes étendues de terres continuellement arrosées pour l'agriculture; je veux parler des plantations de taro.

Chose vraiment extraordinaire! Malgré tous ces éléments fébrigènes, la fièvre paludéenne est presque inconnue dans le pays, et il est extrêmement rare qu'on trouve dans des affections quelconques indication à la quinine. Serait-ce que la latitude est impropre au développement de la fièvre paludéenne? Mais nous la voyons sévir dans des pays voisins : aux îles Viti, aux Nouvelles-Hébrides.

Les Européens ont remué ici des terrains neufs pour l'agriculture et pour la construction des routes; on a jeté des chaussées sur des marais; on a desséché une portion du marais sis à Port-de-France, et on en a fouillé le fond pour les constructions. Pourtant, pas un seul cas de fièvre intermittente ne s'est déclaré, même chez les travailleurs.

L'établissement de Port-de-France est entouré de marais soit d'eau douce, soit d'eau saumâtre, soit d'eau de mer; les uns à une lieue environ de la ville, d'autres beaucoup plus rapprochés; le vent doit en apporter souvent les émanations (celui qu'on appelle petit marais est situé directement au vent), et cependant jamais de fièvre intermittente dans une population de trois à quatre cents âmes (garnison et colons). L'immunité n'existe pas seulement pour les Européens; elle est la même par toute l'île, pour les naturels, qui pourtant habitent de préférence le voisinage de la mer et des rivières, qui construisent si souvent leurs demeures en des lieux humides et même marécageux, qui couchent sur la terre presque nue, qui sont sans vêtements et mal nourris.

Il est, sans doute, très-probable que les marais ne sont pas de tous points inoffensifs, et qu'ils ne sont pas étrangers au développement des maladies qui affligent les naturels, telles que les entéro-colites, diarrhées simples, carreau, hydropisies; mais, il faut aussi tenir compte des conditions défectueuses dans lesquelles ils vivent, et qui doivent entrer dans l'étiologie de ces affections, telles que nudité complète qui les laisse désarmés contre toutes les variations de l'air, nourriture souvent insuffisante et quelquefois malsaine, écarts de régime succédant brusquement à une longue privation, etc., etc.

Quoi qu'il en soit, il est remarquable que nombre de gens vont à la chasse, de jour et de nuit, dans les marais, sans avoir à s'en repentir; il est remarquable encore qu'on ait fait contre les naturels de nombreuses expéditions, pendant lesquelles officiers et soldats ont couché une ou plusieurs nuits en rase campagne et sans

5.

tentes, traversé nombre de rivières sans changer de vêtements, et qu'aucune maladie sérieuse ne se soit développée à la suite.

Voici une preuve plus concluante de la salubrité du climat : la mortalité, dans la garnison de Port-de-France, du 15 août 1856 au 15 août 1857, a été de 0,75 pour 100, et du 15 août 1857 au 15 août 1858, de 1,53 pour 100, proportion plus favorable encore que celle des garnisons de France (1).

Cependant, presque tous les militaires travaillent, et les travaux de la plupart d'entre eux les exposent aux rayons du soleil et aux intempéries de l'air. La proportion moins favorable de la deuxième année s'explique peut-être par l'activité plus grande des travaux.

La garnison de Balade, au nord-est de l'île, qui se composait de 30 militaires, n'a perdu, pendant ces deux ans, qu'un vieux soldat mort de ramollissement cérébral.

Pendant mon séjour de près de trois années en Nouvelle-Calédonie, où j'ai suivi constamment le mouvement des malades à terre, je n'ai vu que fort peu de maladies sérieuses; la plus fréquente est la fièvre typhoïde; elle atteint les jeunes soldats qui, probablement, en France, paieraient le même tribut; la colite et l'entéro-colite se voient quelquefois; la diarrhée sim-

---

(1) J'ai écarté les décès par accidents et par la guerre.

ple est bien plus fréquente. Les embarras gastriques, les courbatures, les laryngites et les bronchites forment le courant des maladies.

Tous les décès par maladie, dans la garnison de Port-de-France, depuis le mois de janvier 1856 jusqu'au mois de septembre 1859, se rapportent à la fièvre typhoïde, à la phthisie pulmonaire, à la péritonite qui figure pour un cas seulement.

La pathogénie est la même à Balade, dans le nord; on y voit seulement plus de conjonctivites dues sans doute au sol sablonneux et étincelant de cette partie de l'île.

On ne connaît, dans la garnison de la Nouvelle-Calédonie, ni la dyssenterie épidémique, ni l'hépatite, ni la fièvre paludéenne, ni la colique sèche, fléaux des colonies.

La rade fournit proportionnellement beaucoup plus de malades, et on y observe certaines affections qui n'ont point encore été observées à terre, comme la colique sèche et l'héméralopie; mais ici le climat a moins d'action que les conditions particulières dans lesquelles vit le marin.

VII

DÉPENDANCES DE LA NOUVELLE CALÉDONIE

Iles Loyalty

DESCRIPTION GÉOGRAPHIQUE

§ Ier

On peut considérer la Nouvelle-Calédonie, les petites îles groupées à son extrémité septentrionale, l'Ile-des-Pins, et le groupe des Loyalty, comme formant un seul et même archipel. C'est à ce titre que les îles Loyalty sont regardées comme une dépendance de la Nouvelle-Calédonie. Ces îles, qui s'étendent parallèlement à la côte orientale, dont elles sont séparées par un canal, d'une largeur moyenne de 50 milles, sont au nombre de trois principales : Maré, Ouvéa et Lifou, ou, si l'on veut se servir des noms de la carte de Dumont-d'Urville : Britannia, Halgan et Chabrol ; les autres ne sont que de misérables îlots de corail dont je ne ferai nulle mention. Ces îles sont de constitution madréporique, comme les îles basses de l'archipel Dangereux, mais différentes de ces dernières à bien des égards; elles ont plus d'analogie avec l'île Tonga-Tabou, et si elles n'ont pas eu, comme elle, le privilége d'attirer l'attention des voyageurs et des géologues, c'est qu'elles sont infiniment moins connues. Comme cette dernière, elles s'élèvent à une grande hauteur au-dessus du niveau de la mer; comme elle, aussi, elles sont privées de lagon intérieur, si ce n'est Ouvéa qui en offre un vestige. Dumont-d'Urville qui, en 1827 et en 1840, a longé ces îles de très-près, mais sans y laisser tomber l'ancre, donne à Britannia une hauteur de 80 à 100 mètres (1). Lifou n'est pas beaucoup moins élevée, et Ouvéa, basse d'un côté, présente de l'autre une hauteur assez considérable.

Dépourvues de cours d'eau, pauvres en terre végétale, elles ne présentent pas cette végétation luxuriante qui fait de Tonga-Tabou un bouquet tropical; mais, plus vieilles et plus fécondes que les récifs à peine émergés de l'archipel Pomotou, elles ne se couvrent pas seulement, comme eux, de bosquets de cocotiers, elles nourrissent une végétation plus variée, et donnent prise à une certaine culture.

Comme ces trois îles ne présentent pas une ressemblance parfaite, je les passerai successivement en revue, à charge de jeter ensuite un coup d'œil d'ensemble

---

(1) Voyage de l'*Astrolabe* et de la *Zébée*, t. IX.

sur les caractères qui leur sont communs, sur leur origine probable, sur les ressources qu'elles présentent, et enfin sur leurs habitants.

1° MARÉ OU BRITANNIA

Qu'on se figure un plateau d'une vingtaine de milles de longueur sur dix de largeur, généralement circonscrit par une falaise de 80 mètres de hauteur.

Les falaises du plateau, longtemps battues par les vagues, ont été usées et creusées près du sommet, qui surplombe la base comme une voûte ; des colonnes soutiennent cette voûte et semblent usées vers leur partie moyenne qui fait même quelquefois défaut, en sorte qu'il n'en reste que la base et le faîte qui est comme soudé à la voûte. Ces colonnes ne sont autres que des stalactites et des stalagmites formées par la filtration des eaux pluviales à travers la voûte calcaire et qui se sont jointes ou tendent à se joindre. Des crevasses, des éboulements, des dégradations quelconques dans la falaise servent à gravir le plateau. Tel est l'aspect pittoresque sous lequel se présente Britannia dans une partie de sa circonférence. Un cordon riverain, qui circonscrit la base du plateau, s'est couvert de cocotiers, de ficus, de papayers, de quelques arbres à pain, de superbes ricins, et autres végétaux moins importants, qui forment une guirlande verdoyante autour de cette vieille masse de corail.

La superficie du plateau n'est pas parfaitement uniforme ; elle présente çà et là des ondulations, ou plutôt des terrasses qui s'élèvent comme des tables gigantesques.

2° OURÉA OU HALGAN

La configuration de cette île se rapproche de celle des îles basses à lagon intérieur, car elle représente un cirque irrégulier en partie formé par des terres découvertes et habitables, en partie par des écueils à peine découverts. Un coup d'œil jeté sur la figure ci-dessous, empruntée à la carte de Dumont-d'Urville, fera mieux saisir sa forme et sa disposition (1). La mer intérieure,

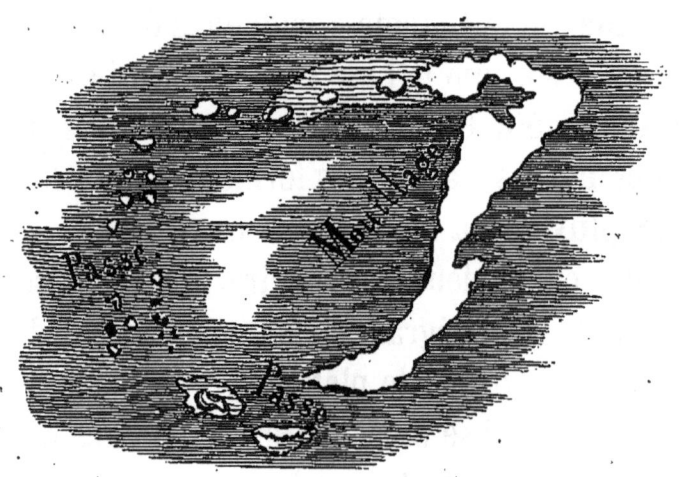

circonscrite par les récifs et les îlots d'une part, et

---

(1) L'échancrure représentée au nord de l'île, et qui n'est point marquée sur la carte marine de l'Urcille, est formée par une petite lagune ou marécage dû à l'invasion de la mer et qui dessèche à chaque marée.

d'autre part par la grande île, représente le lagon des Attols, bien que plus largement en communication avec la grande mer et moins bien circonscrite que ne le sont les lagons. Cette mer intérieure, quoique semée de bas-fonds, permet cependant la circulation aux navires, qui trouvent un bon mouillage aux extrémités de la vaste baie, sous le vent de l'île. Cette côte est généralement basse, tantôt formée par l'accumulation des sables qu'y apporte le flot, demi-marécageuse et comme indéterminée ; tantôt limitée par des falaises coralliennes peu élevées ; mais l'autre côte, c'est-à-dire celle de l'Est, est partout circonscrite par des falaises madréporiques de 30 à 40 mètres d'élévation.

La surface de l'île n'est pas uniforme ; çà et là des monticules, coupés à pic, en dépassent le niveau de 15 à 20 mètres. Fendus et disloqués comme s'ils avaient subi quelque grande commotion, ils ne peuvent guère s'expliquer que par des changements de niveau dus à des tremblements de terre. Je reviendrai plus loin sur cette explication.

3º Lifou ou Chabrol

Cette île, de même que Britannia, ne renferme aucun vestige de lagon ; c'est un plateau d'une soixantaine de mètres d'élévation, qui tantôt est circonscrit par des falaises perpendiculaires, tantôt vient aboutir par une pente raide au bord de la mer.

Lifou, comme les îles précédentes, porte l'empreinte

des soulèvements qu'elle a éprouvés; cette empreinte n'est nulle part mieux marquée qu'à l'un des promontoires de la *Baie-du-Santal*, qui s'érige à pic au-dessus des eaux. On y distingue, de la façon la plus évidente, trois étages successifs de soulèvements marqués par l'usure de la roche, à la façon du faîte de la falaise de Britannia, en trois points différents, qui indiquent les niveaux de la mer aux diverses périodes. Ces soulèvements ont été inégaux, car la hauteur des divers étages varie du simple au double et même au triple. On trouve sur les falaises du bord de l'eau, en diverses localités du rivage, et à une hauteur que les vagues ne peuvent atteindre, des coquilles analogues à celles actuellement existantes dans la mer, empâtées et collées contre la falaise par un ciment calcaire. On a même trouvé, en creusant le rocher à 200 mètres environ du rivage et à 30 ou 40 mètres au-dessus du niveau de la mer, des coquilles analogues (strombes, porcelaines, etc.), dont quelques-unes sont encore intactes et ont gardé presque toute leur couleur; d'autres sont plus ou moins altérées, et d'autres enfin sont complétement pétrifiées. Toutes ces coquilles sont plus ou moins enveloppées de sable calcaire qu'il est assez facile de détacher, et c'est sans doute à cette enveloppe qu'est due la remarquable conservation de plusieurs d'entre elles. Ces faits sembleraient indiquer que le soulèvement de cette île est de date assez récente, c'est-à-dire ne remonte pas au delà de la période géologique moderne.

Il serait curieux de s'assurer si cette île, aussi bien que les deux autres, n'éprouve pas encore actuellement un soulèvement lent.

Lifou est la plus grande des trois îles, elle a 33 milles de longueur, sur une moyenne de 12 de largeur (1).

§ II

La hauteur des îles Loyalty semble d'abord donner raison à l'opinion de Forster, Péron et autres, d'après laquelle les polypes coralligènes pourraient élever, de la profondeur des mers à leur surface, des édifices d'une énorme hauteur. En effet, peut-on dire, puisque cette île de Britannia a 80 mètres d'élévation, il faut bien que les zoophytes aient jeté la base de leur édifice à un fond de 80 mètres au moins : comment donc se ranger à l'opinion des naturalistes qui prétendent qu'ils ne peuvent vivre au-delà d'une profondeur de 4 à 5 brasses (Quoy et Gaymard), ou 20 brasses (Darwin)? Il n'est cependant pas impossible de faire concorder ces deux faits, en apparence contradictoires, et de s'expliquer la

---

(1) Les coquilles trouvées en creusant le rocher m'ont été présentées par la personne même qui les a ramassées, le R. P. Montrouzier; je ne puis donc avoir aucun doute sur la provenance de ces coquilles. La pétrification de quelques-unes d'entre elles ne peut être confondue avec un simple moulage, car la cassure permet de distinguer clairement les fibres de l'enveloppe testacée.

hauteur des îles Loyalty, sans porter atteinte à l'opinion de ces derniers naturalistes qui compte, en sa faveur, le plus grand nombre d'observations, et réunit aujourd'hui les suffrages universels. Supposons, en effet, que les coraux aient commencé à s'ériger sur un fond de quelques brasses, et que ce fond s'affaisse graduellement ; les dépouilles des générations successives, s'entassant les unes sur les autres, produiront une table calcaire d'une épaisseur indéfinie, à condition que la vitesse d'érection des coraux soit en rapport avec celle de l'affaissement du fond, condition qui n'a rien d'impossible. Puis, qu'à une époque plus ou moins reculée, un soulèvement ait lieu, et que le fond revienne à sa position primitive, on aura alors une île de corail d'une hauteur proportionnelle à la quantité dont le fond s'était abaissé.

Donc, quand des formations madréporiques s'établissent en des localités sujettes à des mouvements alternatifs d'élévation et d'affaissement, il suffit, pour que de très-hautes îles s'érigent, que ces mouvements alternatifs se contrebalancent. Un examen, même superficiel des Loyalty, indique que c'est justement ce qui a dû arriver pour elles. Supposons que les polypes aient établi leurs constructions sur un fond de 15 mètres et qu'ils soient arrivés à former une île basse, semblable à celles de l'archipel Pomoutou ou Dangereux, puis que ce fond, sur lequel repose l'édifice madréporique, se soit affaissé de 15 mètres, de nouvelles constructions peuvent dès lors s'établir par dessus les anciennes et croître jusqu'à la surface de la mer. Le même phénomène peut se renouveler, c'est-à-dire que le fond peut s'abaisser encore d'une quantité égale à la première, et des constructions nouvelles gagner de nouveau la surface de la mer ; supposons maintenant que la base de l'édifice soit soulevée de 15 mètres, et voilà une île de corail dominant la surface de l'eau de la même hauteur : les vagues la mineront à sa base, et si, plus tard, elle éprouve un nouveau soulèvement égal au premier, c'est-à-dire, si le fond revient à sa position primitive, on verra une île de 30 mètres d'élévation qui portera, à sa partie moyenne, l'empreinte du niveau que la mer a naguère occupé. On conçoit qu'en menant plus loin l'hypothèse, on arriverait sans plus de difficultés, à rendre compte des trois étages successifs de soulèvement dont l'empreinte est gravée sur la falaise de Lifou.

Cette hypothèse, strictement conforme à l'analogie des faits observés ailleurs (temple de Sérapis, en Italie, etc.), trouve encore sa justification dans les nombreux phénomènes du même ordre qui se passent en Océanie (1).

---

(1) Les îles Loyalty sont à peu de distance du volcan Mathiew et des nouvelles Hébrides de constitution volcanique. Le 9 janvier 1838, M. le commandant de la division navale d'Océanie a mentionné à ses capitaines la découverte faite par le brick des missionnaires, *John Wesley*, d'un volcan en pleine activité situé par 19° 15' lat. sud, et 152° 40' long. ouest, sur une petite île entièrement volcanique.

On a déjà remarqué sans doute, que la disposition de l'île Ouvéa ne faisait pas exception à la règle commune à toutes les îles à lagons, qui présentent leur plus grande hauteur du côté du vent dominant, et l'ouverture de leurs lagons du côté opposé. Cependant, cette disposition paraîtra ici purement fortuite et tout à fait indépendante des causes qui sont supposées la déterminer d'ordinaire, si l'on réfléchit que la côte qui reçoit directement le vent dominant (côte Est) est une falaise calcaire de 30 à 40 mètres d'élévation, et que les monticules coupés à pic qui surmontent le sol à la façon de tables gigantesques, attestent d'anciens bouleversements. Leur existence, en effet, ne peut guère s'expliquer que par un changement de niveau comme en produisent les tremblements de terre; les fractures et les dislocations qu'ils présentent sont de nouveaux indices de leur origine.

Au lieu d'invoquer l'action du vent et des vagues pour expliquer l'élévation plus grande de la côte Est et l'ouverture de la lagune à l'Ouest, il faut donc attribuer cette disposition à la direction fortuite des mouvements volcaniques qui ont soulevé et même bouleversé l'île.

Aucune des îles Loyalty n'est entourée d'un récif-barrière ; les bancs de coraux qui les avoisinent sont disséminés sans régularité et continus jusqu'à la terre, ce sont des franges de récifs ou des pâtés isolés.

§ III

Les îles Loyalty sont en partie stériles, en partie couvertes de plantations et de fourrés ; le rocher est nu ou simplement recouvert de mousses, de lycopodes ou de fougères sur des étendues considérables. Dans les localités plus favorisées, une couche de terre végétale de quelques centimètres d'épaisseur et que percent çà et là des blocs dépouillés, recouvre la roche lézardée en tous sens et recevant dans ses crevasses les racines des arbres qui parent sa nudité. Là où s'est accumulée la plus grande quantité de sable calcaire et d'humus, l'industrie des naturels fait croître les racines comestibles et les arbres fruitiers. Ils aident aux opérations de la nature en accumulant, dans des trous creusés à cet effet, des débris de végétaux dont la décomposition est appelée à favoriser la croissance d'une génération nouvelle.

Quand une terre est épuisée ou qu'on veut agrandir ses domaines d'un nouveau champ, on met le feu à un fourré, et les cendres de végétaux inutiles nourrissent bientôt une plantation féconde.

Dans des îles qui n'ont pas un pic, pas une colline, il est clair que les pluies doivent être plus rares qu'en des pays situés dans la même zone, mais autrement constitués, comme la Nouvelle-Calédonie par exemple; le sol est d'ailleurs peu propre à retenir les eaux pluviales, car, presque dépourvu de terre végétale et fissuré en tous sens, il possède, dans ses crevasses, autant de bouches béantes pour engloutir les eaux du ciel. Qu'on joigne à cela, comme conséquence nécessaire, l'absence de tout cours d'eau, et l'on aura une idée de l'aridité de ces îles. — Que des fougères et des palmiers y prospèrent, on le conçoit aisément, mais il est plus difficile d'imaginer qu'une végétation épaisse de dycotylédones puisse y grandir. C'est ce qui existe pourtant, et ces îles nourrissent des sicus, des guettardia, des araucaria qui atteignent de très-belles proportions. C'est que les organes d'absorption du carbone et de l'azote de l'air fonctionnent sans relâche. Point d'hiver qui flétrisse les feuilles et dépouille les rameaux; les arbres peuvent, en tout temps, emprunter leur nourriture à l'atmosphère, certainement plus généreuse pour eux que ne peut l'être le sol. N'oublions pas de constater néanmoins que les beaux arbres sont rares, et que les bois, du reste très-touffus, sont, en majeure partie, composés d'arbres de faible jet.

Il y a aussi quelques pâturages, et l'humus, qu'une végétation plus vivace qu'ailleurs y accumule sans cesse et qui jouit de l'heureuse propriété de retenir les eaux pluviales, leur donne une fécondité merveilleuse pour le pays.

Les Loyalty produisent une notable quantité de bois de *Santal*, moins beau que celui de la Nouvelle-Calédonie, mais très-recherché pourtant des marins anglais qui finiront par l'épuiser comme ils l'ont déjà fait à l'île des Pins. Le ricin croît avec vigueur, et il est présumable qu'il pourrait être cultivé en quantité suffisante, pour donner naissance à une petite branche d'industrie.

Les indigènes font pour leur alimentation des plantations de *bananier*, de *papayer*, d'*hibiscus tiliacens*, de *canne à sucre*, d'*igname*, de *taro*, de *patate douce*. — Le cocotier est une de leurs plus précieuses ressources, car, manquant d'eau potable, son fruit leur est presque indispensable pour s'abreuver dans les temps de sécheresse. Cette source aérienne de liqueur délicieuse remplacerait pour les insulaires les merveilleux ruisseaux de l'âge d'or, si les arbres qui lui donnent naissance étaient en plus grand nombre. Malheureusement ils ne sont pas aussi communs qu'il serait à désirer.

Ces îles n'ont pas une seule source qui sourde à la surface du sol, mais on trouve dans des grottes, des réservoirs d'eau, dus soit à la filtration des eaux de la mer, et le liquide est alors plus ou moins saumâtre, soit à l'accumulation des eaux pluviales tombées directement ou infiltrées à travers la roche. — On conçoit que cette filtration des eaux pluviales, à travers une couche calcaire, ne puisse se faire sans dissolution d'une certaine quantité de carbonate de chaux. Aussi, l'eau de ces réservoirs naturels est-elle plus ou moins chargée de sel calcaire, et quand elle s'échappe goutte à goutte de la voûte d'une grotte, elle donne naissance à des stalactites comme on en voit dans plusieurs grottes de Lifou et d'Ouvéa.

Ces excavations naturelles sont dues, les unes à l'action destructive des vagues contre les falaises, les autres à des effondrements du sol, ce dont il est facile de juger par les débris écroulés au fond. Il suffit qu'une portion du sol qui recouvrait le trou préexistant, ait survécu à la chute de la partie écroulée, pour qu'il existe une grotte ornée de magnifiques stalactites. Il se produira d'autres effondrements tôt ou tard, car dans le voisinage d'une des excavations d'Ouvéa, j'ai entendu le sol résonner fortement sous le pied qui le frappait,

— Les dimensions de ces cavités sont quelquefois considérables ; on en voit une à Lifou qui peut avoir 80 à 100 mètres de diamètre sur 20 à 25 de profondeur. Des arbustes et des fougères qui croissent parmi les débris écroulés en tapissent le fond, et une source d'eau potable se trouve cachée profondément dans un des coins de cette vaste excavation. En résumé, les bassins d'eau douce sont trop rares et souvent d'un trop difficile accès pour être d'une ressource quelconque pour l'agriculture ; tout au plus sont-ils suffisants pour l'économie domestique, à laquelle ils ne fournissent d'ailleurs qu'une eau calcaire.

On voit que les Loyalty, quoique plus fécondes que ne semblerait le comporter leur constitution géologique, ne présentent en réalité que peu de ressources, et il est clair que la métropole n'en tirera jamais un parti sérieux au point de vue de la colonisation. Elles ont déjà beaucoup à faire de nourrir leur population évaluée à 12,000 habitants environ, ainsi répartis : Lifou, 5,000 ; Mari, 4,000 ; Ouvéa, 3,000. Cette population, que les missionnaires catholiques et protestants travaillent avec un égal zèle à civiliser, est peut-être plus laborieuse et plus entreprenante que celle de Calédonie. Les caboteurs Australiens qui exploitent ces îles tirent un bon parti des naturels comme matelots. Ces hommes, après avoir pris au contact des Européens une teinte de civilisation, malheureusement très-défectueuse, reviennent au milieu de leurs compatriotes répandre des connaissances nouvelles et, jusqu'à un certain point, le goût de la civilisation.

Bien que les indigènes fassent à peu près ventre de tout, il est probable que sans les ressources de la pêche, à laquelle ils se livrent activement, ils ne pourraient vivre sur leurs rochers. Ils élèvent des volailles et des porcs en petit nombre, et au lieu de profiter de cette ressource alimentaire si précieuse, ils s'en privent presque complétement pour satisfaire leurs velléités en les échangeant aux traitants et aux matelots, contre des fusils, des haches, des cotonnades, du tabac et des bagatelles dont ils raffolent. Les holothuries et l'écaille de tortue complètent avec le bois de santal leurs moyens d'échange.

Ile des Pins

Cette île, d'un abord dangereux, est, comme on sait, située au sud de la Nouvelle-Calédonie.

Irrégulièrement circulaire, elle a un diamètre de 10 milles. Un plateau de médiocre élévation en couvre presque toute la superficie; il est surmonté d'un pic et complétement entouré d'une ceinture corallienne soulevée de 29 à 30 mètres au-dessus des eaux. La montagne et le plateau, c'est-à-dire la plus grande partie de l'île, sont complétement perdus pour l'agriculture.

Les fougères y font place, en quelques endroits, à des bouquets d'arbres. La circonférence de l'île, au contraire, est fraîche et fertile, bien arrosée, quelquefois même marécageuse, couverte de plantations, de petits bois ou d'une forte et verte graminée qui forme de véritables pâturages. Cette ceinture verdoyante, étroite dans le sud, présente dans le reste de son étendue une assez belle largeur; elle seule est habitée et cultivée, mais non en totalité.

L'île des Pins paraît due à un soulèvement volcanique qui, dirigé du nord au sud suivant le prolongement de l'axe des montagnes de la Nouvelle-Calédonie, a soulevé les rescifs madréporiques qui forment la ceinture de l'île, formé l'énorme voussure qui constitue le plateau, et s'est peut-être creusé une ouverture dans le pic qui le surmonte. Ce pic figure un demi-cirque ouvert du côté du sud, et d'où partent, dans cette direction vers la mer, des crêtes séparées par des ravins ou larges crevasses. Je n'y ai pourtant trouvé aucune trace de matières scoriacées ou ponceuses, et le fond, aussi bien que les escarpements, sont formés de roches prismatiques qui appartiennent au trapp et à la serpentine. L'une des crêtes qui sépare les ravins est formée de débris cristallins micacés, pyroxéniques, et surtout par une quantité de morceaux de feldspath vitreux, du poids de quelques grammes jusqu'à celui d'une ou deux livres.

Le pic est situé à l'extrémité sud de l'île, et sa base n'est séparée de la mer que par une étroite bande de coraux soulevés à quelques dixaines de mètres. Les couches de terrain sont relevées dans toutes les directions vers le pic. Parmi ces couches, on voit à plus de 2 kilomètres de la mer, et au moins à 30 mètres au-dessus de son niveau dans l'est, des amas considérables de conglomérat de sable et de gravier riche en coquilles, appartenant pour la plupart aux espèces encore vivantes dans les eaux voisines, ce qui doit faire supposer que leur soulèvement est de date moderne.
— Le plateau est couvert d'une couche d'argile ocreuse semée d'un gravier ferrugineux, semblable pour la forme à du plomb de chasse, ou plutôt à la grenaille de zinc. Çà et là se découvrent des blocs de fer oligiste chargé d'argile, qui semblent formés de la réunion d'une multitude de grains de même espèce, empâtés et

collés les uns aux autres, de manière à former des blocs qui vont de la grosseur du poing à celui d'un énorme boulet. D'autres roches de même nature ont une surface poreuse où percée de trous comme s'ils avaient donné issue à des bulles de gaz qui se seraient crevées en chacun de ces points. — En plusieurs endroits, le sol résonne fortement sous le pied qui le frappe, indice certain de cavernes qui ne peuvent être expliquées que par le retrait graduel et probablement dû au refroidissement de la matière incandescente, alors que la superficie formait déjà une croûte assez consistante pour se soutenir et ne pas suivre le retrait de la masse sous-jacente.

Le sommet du pic est à 352 mètres au-dessus de la mer.

Le climat de l'île des Pins est plus doux que celui de la Nouvelle-Calédonie; l'île est en effet située à la limite du tropique, et isolée d'ailleurs comme un point au milieu de l'Océan, elle doit bénéficier au suprême degré de tous les avantages des climats insulaires. — Elle est du reste très salubre.

Les productions agricoles du pays sont celles qu'on trouve en Nouvelle-Calédonie; les plants de cocotier y sont peu nombreux. Les missionnaires y ont naturalisé l'oranger, le limonier, le citronnier. Ils y ont planté quelques vignes qui donnent des fruits excellents. La plupart des légumes d'Europe y croissent parfaitement, et il est probable qu'on y naturaliserait presque tous les végétaux de la partie méridionale de l'Europe.

6.

On trouve à l'île des Pins, et surtout sur les îlots de corail qui l'avoisinent, un arbre très-précieux pour les constructions : le pin colonnaire, — araucaria columnaris; — mais si la colonie veut tirer un profit durable de son exploitation, il ne faudra pas tarder à en régler la coupe et à favoriser sa reproduction par les semis. — Le bois de sandal a fait naguère la richesse des habitants ; c'est lui qui attira sur ces rivages inhospitaliers les premiers marins qui aient tenté le commerce avec les peuplades calédoniennes. Mais aujourd'hui cette mine naguère si riche et si féconde est épuisée. — L'île est à peu près sans commerce, et ne reçoit plus qu'à longs intervalles de petits caboteurs qui viennent troquer des haches, des étoffes et du tabac contre des holothuries, de l'écaille de tortue ou simplement des vivres frais.

La population de l'île s'élève, d'après le dernier recensement des missionnaires, à 750 individus.

Comme ce chiffre est très-faible, relativement à l'étendue des terres cultivables, l'île est très-propre à recevoir une petite colonie.

Disons dès à présent, et pour n'y plus revenir, que la population de l'île des Pins est de même race que celle de la Nouvelle-Calédonie. Elle a mêmes mœurs, mêmes institutions, même industrie. Tout ce qui sera dit dans le livre suivant lui sera donc applicable.

Les missionnaires français sont établis depuis onze ans dans cette île. Leur œuvre, lente jusqu'à ces dernières années, a pris depuis une extension très-rapide, et les indigènes sont aujourd'hui presque tous chrétiens ou catéchumènes.

Iles du nord

(GROUPES DES NÉNÉMAS ET ILES BÉLEP)

1º. Nénémas

Au nord de la Nouvelle-Calédonie et dans la circonscription du grand récif qui en prolonge les côtes dans ce sens, sont semés de nombreux îlots, auxquels on donne le nom de la tribu qui les habite; ce sont les îles des Nénémas. Aucune d'elle n'est de formation madréporique. *Paaba, Yandé, Yéguiébane, Jalaon*, sont seules habitées : les autres ne sont que des îlots où les naturels se contentent d'établir des pied-à-terre pour le temps qu'ils y passent à la pêche ou à la culture des champs. Le taro, l'igname, la canne à sucre, le bananier sont plantés dans de petits coins de terre un peu mieux arrosés et plus riches d'humus que le reste. L'îlot *Tiao* que j'ai parcouru est précisément dans ces conditions. Toutes ces îles sont montueuses, dénudées et d'un aspect fort triste. Çà et là des bouquets d'arbres tranchent agréablement sur l'aridité générale. Quelques vallons arrosés et engraissés par les ruisseaux servent aux plantations des indigènes. Mais sans les cocos, et surtout sans le poisson qu'ils pêchent en abondance, il est probable qu'ils auraient beaucoup de peine à vivre sur ces rochers. Ces îles sont sans valeur pour la colonisation, et ne seront probablement jamais que ce qu'elles sont aujourd'hui, c'est-à-dire des pied-à-terre pour des aventuriers qui y ramassent du tripang, de l'écaille, et une petite quantité d'huile de coco.

Les Nénémas sont tristement célèbres dans nos annales de la marine par le massacre de deux officiers et de dix matelots de la corvette l'*Alcmène*. Ils composent une tribu vagabonde peu nombreuse, mais très-redoutée de ses voisins, heureusement affaiblie aujourd'hui par la conversion au christianisme de celle de Bélep, dont elle était naguère l'intime alliée. C'était une alliance de forbans.

Il en sera question plus tard.

2º Iles Bélep ou Lebert

Ce petit groupe est situé au nord du précédent. Il se compose de deux îles habitées : *Art* et *Pot*, et de quelques rochers déserts.

Quoique sans importance, il a vivement attiré l'attention de l'autorité coloniale, et reçu plusieurs fois la visite du navire sur lequel j'étais embarqué, à cause des missionnaires qui avaient pris la courageuse initiative d'évangéliser sa sauvage population.

C'est sur *Art*, l'île principale, qu'ils sont établis, et c'est elle que je vais essayer de faire connaître. Cette île, de 7 milles environ de longueur sur 3 en largeur, est en majeure partie stérile, grâce à la nature de son sol argileux tout imprégné d'ocre rouge. Elle est formée par des montagnes qui circonscrivent un plateau presque aussi élevé qu'elle. A l'exception de quelques bouquets de cocotiers épars sur le bord de la mer, de quelques vallons exploités pour l'agriculture, et de quelques oasis disséminées sur le plateau central, l'œil attristé n'embrasse que des monticules rougeâtres et dénudés, des espaces couverts de fougères naines, et de loin en loin ombragés par de malingres *melaleucca*. Dans les localités les moins arides du plateau, dans les vallées ou dans les étroites bandes de terrain qui s'étendent au pied des montagnes, le sol se couvre de cette graminée calédonienne, précédemment désignée comme une excellente herbe à pâturage, et qui permettrait d'élever sur cette île quelques troupeaux.

Les ruisseaux qui serpentent sur le plateau et qui remplissent de petits bassins, donneraient toute facilité d'abreuver le bétail et d'utiliser une grande portion de l'île impropre à toute autre exploitation. Les naturels cultivent les racines comestibles, le bananier et la canne à sucre. Le papayer et l'arbre à pain y sont en petit nombre, surtout le dernier. Le cocotier forme quelques bosquets, à l'ombrage desquels les naturels construisent leurs cabanes.

Le figuier des Banians étalant ses larges rameaux sur les rejetons qu'il projette autour de son tronc, forme à lui seul une verdoyante colonie, dont chaque membre, prenant racine dans le sol, se suffit à lui-même sans interrompre sa communication avec la mère patrie. Il est une variété de cet arbre que je n'ai vue qu'à Bélep et dans les Nénémas : les rameaux qu'il envoie vers la terre, se dirigent très-obliquement et se tendent comme une grosse corde, dont ils ont la rondeur et l'uniformité, en sorte qu'on dirait autant de cables placés par la main de l'homme pour soutenir le tronc à la façon d'un mât.

La fraîcheur des plantations, le vert feuillage des bosquets, ressortent avec une grâce pittoresque sur la rouille des montagnes qui forment le fond du tableau.

Les missionnaires en transformant la barbare population de l'île Art, ont en même temps transformé la localité qu'ils habitent.

Des routes ont été percées, des avenues de cocotiers ont été plantées, des ponts ont été jetés sur les ruisseaux. Tout cela s'est fait avec rapidité et comme par enchantement. De superbes plantations entourent la mission, et les naturels se sont mis à la culture d'une graine exotique, fort importante quoique vulgaire, le haricot. Ils fabriquent de l'huile avec la noix du cocotier, de façon à en vendre en notable quantité aux caboteurs qui leur achètent en même temps le tripang et l'écaille de tortue.

Les scènes de cannibalisme, les conflits meurtriers sont déjà de l'histoire ancienne, et l'étranger peut se promener sans armes et en sécurité par toute l'île. C'est un plaisir que nous nous sommes procuré la nuit, alors que chaque feuille se couvre de perles de rosée et que la mouche phosphorescente de Bélep, voltigeant de rameau en rameau, éclaire les frais et riants bocages d'une féerique illumination.

Les civilisateurs de ce peuple, les initiateurs de tous ces travaux, s'appellent MM. Montrouzier et Lambert, missionnaires maristes.

La population des îles Bélep s'élève à 600 habitants environ, dont 400 au moins pour la plus grande et la plus fertile, Art.

Les deux îles obéissent à un seul et même chef qui habite près des missionnaires. Les insulaires de Pot, sans cesse en relation avec ceux de Art, sont eux-mêmes presque tous chrétiens; des pirogues communiquent incessamment entre les deux îles, très-voisines l'une de l'autre, et leur population instable de caractère opère des migrations fréquentes et réciproques.

Art est pourvue d'une excellente baie propre à y attirer les navires, mais qui ne sera probablement jamais fréquentée que par les caboteurs.

Ceux-ci vont y échanger, depuis quelques années, les produits que j'ai fait déjà connaître contre des haches, des cotonnades, du tabac et autres bagatelles.

Les îles Bélep seraient très-propres à servir de dépôt au pénitencier qu'on établirait en Nouvelle-Calédonie, soit pour y confiner des sujets dangereux, soit pour y placer ceux dont la destination ne serait pas encore fixée. D'étendue médiocre, très-saines, assez éloignées de la grande terre, sans en être à grande distance, elles réunissent toutes les conditions désirables.

L'île Art est extrêmement riche en minerai de fer. Le péroxyde s'y montre en rognons cristallisés, plus souvent en rognons plus ou moins chargés d'argile, mais compacts et toujours riches en métal, enfin sous forme lithoïde en blocs qui atteignent jusqu'à 3 et 4 mètres cubes. On trouve un grand nombre de ceux-ci à la surface du sol.

Les îles Bélep sont comme les Nénémas, comprises dans l'enceinte du grand récif de la Nouvelle-Calédonie. Ce récif se prolonge plus loin encore, et va former à quelques vingtaines de milles, au nord, des écueils à peine émergés.

Ceux-ci n'ont pour habitants que les tortues marines, qui viennent y déposer leurs œufs et les grands cétacés (dugougs), qui viennent s'y reposer de leurs courses vagabondes dans les solitudes de l'océan.

Quelles masses gigantesques de constructions madréporiques que ce récif de 125 lieues de long et les îles Loyalty, qui en sont comme les postes-avancés! Nous demeurons frappés d'étonnement à la vue des pyramides d'Egypte; mais qu'est-ce que les pyramides à côté de ces montagnes de pierre amoncelées par les êtres si ténus et si frêles, qu'on appelle polypes coralliens?

S'il a fallu un peuple entier d'esclaves pour élever

les monuments égyptiens, quel monde d'ouvriers quasi-microscopiques n'a pas réclamé l'érection d'un récif de 125 lieues de long avec les pâtés qui lui servent de contreforts, et les îles hautes de près de 100 mètres et grandes de plusieurs lieues en superficie! L'imagination recule épouvantée devant un pareil calcul. — Les chefs-d'œuvre de l'antique Egypte sont, de tous les ouvrages des hommes, les plus rebelles aux injures du temps; cependant ils crouleront pierre à pierre et on en cherchera les vestiges, que l'ouvrage des polypes tiendra encore debout. C'est que les pyramides ne sont que l'œuvre des hommes et les édifices coralliens les monuments de la puissance de Dieu!

LIVRE SECOND

Les Néo-Calédoniens. — Anthropologie et Ethnographie.

I

PORTRAITS ET QUALITÉS PHYSIQUES

Les Néo-Calédoniens ont la peau d'un noir fuligineux, dont la nuance varie depuis l'ocre jaune, légèrement teinté de noir, jusqu'à la couleur chocolat; cette dernière est la plus commune. La gradation de l'une à l'autre se fait par des nuances nombreuses, qu'il est plus facile de remarquer que de décrire. Les uns ont les cheveux noirs, épais, laineux et crépus, d'autres les ont de même couleur, mais plus fins, floconneux, longs et susceptibles d'être ramenés en une grosse touffe sur le sommet de la tête; chez tous la chevelure est forte et épaisse. Leur barbe est noire, frisée et bien fournie.

Le nez est large, épaté, déprimé entre les orbites. Ils ont l'œil largement ouvert et suivant la même direction que dans notre race, mais plus enfoncé; l'iris est d'un brun très-noir et se confond presque, pour la couleur, avec la pupille; la conjonctive oculaire est rougeâtre, caractère qui prive l'œil de son éclat en même temps qu'il lui donne une expression farouche. Leurs lèvres sont ordinairement grosses et plus ou moins renversées, mais ce n'est pas sans exception; leurs mâchoires sont proéminentes, et les incisives proclives; la bouche est grande, les dents bien alignées et d'une parfaite blancheur. Leurs pommettes sont plus saillantes que les nôtres, mais moins que celles des nègres. Ils ont le front étroit et convexe, et, quoique haut, un peu fuyant; la bosse nasale est très-prononcée. Leur tête est aplatie transversalement, étroite surtout à la région temporale, et allongée.

Par les proportions relatives de la longueur et de la largeur du crâne, et par la direction des arcades dentaires, les Néo-Calédoniens rentrent dans la classe des dolichocéphales prognutes, de M. Retzius.

Comme forme générale, leurs crânes représentent un ovale allongé, dont la partie postérieure a plus d'ampleur relative que dans la race blanche, ce qui tient à l'étroitesse plus grande de la région fronto-temporale. L'ovale est un peu plus allongé et surtout plus étroit que dans les crânes de notre race. Le frontal est plus convexe; sa convexité est à peu près uniforme sur la ligne médiane et sur les côtés, ce qui fait que les bosses frontales sont moins distinctes. Cet os s'aplatit et se déprime au niveau des tempes, de telle sorte qu'au milieu de la ligne courbe qui limite la surface concave appartenant à la fosse temporale, il a un centimètre de moins qu'au niveau des apophyses orbitaires. Enfin, il est plus fuyant que dans les crânes caucasiques. Les os du nez sont déprimés à leur union avec le frontal. Les pommettes sont plus saillantes et plus écartées que chez nous.

En examinant ces crânes par en haut, suivant la Norma verticalis de Blumenbach, on constate la projection considérable de l'arcade alvéolaire supérieure, la saillie des pommettes, et celle des arcades zygomatiques, qu'on aperçoit dans toute leur étendue.

En somme, le prognatisme, l'étroitesse du front, la saillie des pommettes, sont les trois principaux caractères qui distinguent les crânes des Néo-Calédoniens des crânes d'Européens. On remarque, en outre, les dimensions plus considérables de l'ouverture nasale et des trous orbitaires qui, au lieu d'être à peu près ronds comme dans les races blanches, ont le diamètre transversal plus grand que le diamètre vertical (1).

---

(1) Je renvoie, pour certains détails et pour les mensurations pratiquées sur un certain nombre de crânes de diverses tribus calédoniennes et des îles voisines, à mon travail sur l'*Anthropologie des races noires océaniennes*, dans la *Revue algérienne et coloniale* du mois de novembre 1859; et les numéros du 30 avril et du 7 mai 1860 de la *Gazette médicale* de Paris.

La taille moyenne des Néo-Calédoniens est au moins aussi élevée que celle des Français. Le tronc et les membres sont bien proportionnés, le thorax est large, bien bâti. Le système musculaire est chez presque tous avantageusement développé et se dessine sous la peau. L'abdomen est proéminent chez plusieurs, mais jamais d'une façon gênante ou disgracieuse. La taille moyenne des femmes est inférieure à celle des hommes, et il existe à cet égard, entre les deux sexes, à peu près le même rapport que chez nous. Elles ont, généralement, les mamelles très-développées et piriformes, double caractère qui comporte cependant d'assez nombreuses exceptions.

Les Néo-Calédoniens appartiennent à l'espèce mélanésienne ou nègre-océanienne, distincte de l'espèce australienne.

M. de Rienzi, qui, à vrai dire, ne les a jamais vus, les assimile aux Australiens, sous le nom d'Endamènes, mais ils ne ressemblent en rien aux êtres hideux qu'il dépeint sous ce nom. Bien que les Australiens ne soient pas tous aussi affreux qu'on s'est plu à le dire, ils sont inférieurs, sous tous les rapports, aux Néo-Calédoniens. Ceux-ci ressemblent plutôt aux Papouas.

Les Calédoniens mâles ne sont pas très-laids; plusieurs même présentent une régularité de traits qui serait trouvée belle en tous pays d'Europe, et il est remarquable que, sous ce rapport, certaines tribus de la côte orientale sont plus favorisées que toutes les autres. Cela tient, sans doute, à un mélange de races dû à des émigrations polynésiennes. Ce qui est certain, c'est qu'à une époque encore peu éloignée, une émigration d'Ouvéa (île Wallis) est venue aborder dans l'une des îles Loyalty, à laquelle elle imposa ses lois et sa langue. C'est l'île Halgan des cartes de Dumont-d'Urville, appelée Ouvéa par les indigènes. La tradition de cet événement, confirmée par le nom qu'ils donnent à leur île, s'est conservée parmi eux, et ils ne comptent que cinq générations depuis lors. La race des nouveaux habitants s'est mélangée avec l'ancienne, et il en est résulté une population beaucoup plus belle que celles qui l'avoisinent. Les communications entre les Loyalty et la côte orientale de Calédonie, surtout avec la tribu de Hienguène, sont fréquentes; les indigènes d'Ouvéa ont même formé des villages en plusieurs localités de ce même littoral. Le voyageur qui parcourt la Nouvelle-Calédonie, rencontre fréquemment des différences frappantes entre des populations pourtant très-rapprochées, voire même dans la même tribu, et les naturels n'ignorent pas non plus qu'il existe certaines variétés dans leur race commune. Des émigrations analogues à celle que j'ai fait connaître précédemment ont dû avoir lieu de tout temps et de différents points de l'Océanie, tant de la Polynésie que de la Mélanésie, et c'est sans doute à leur influence que doivent être attribuées les différences de langage, les variétés anthropologiques et ethnologiques qu'on rencontre dans l'île.

— La laideur des Calédoniennes est connue ; avec leur tête rasée, leur lobule de l'oreille horriblement perforé ou déchiqueté, leurs seins d'un énorme volume, piriformes et flétris de bonne heure, elles présentent, même à un âge peu avancé, un tableau des moins séduisants. Vouées à de rudes labeurs et souvent à de mauvais traitements, elles ont une vieillesse précoce. Il est juste de dire pourtant que, dans leur jeunesse, plusieurs d'entre elles n'ont point une physionomie désagréable. En outre, on ne sera pas étonné d'apprendre que dans les tribus privilégiées, dont il a été parlé tout à l'heure, les femmes participent à la supériorité relative du type, et qu'elles y sont généralement moins laides qu'ailleurs.

— La puberté arrive plus tôt chez ce peuple que chez nous ; les femmes sont nubiles vers l'âge de douze à treize ans ; mais elles n'ont guère de commerce avec l'homme avant l'âge de seize à dix-sept ans. Leur développement se fait avec rapidité : ainsi, telle fille qui à douze ans n'est encore qu'une enfant, est une femme physiquement accomplie trois ans plus tard.

Leur fécondité n'est jamais grande, et elle s'arrête plus tôt que chez nos femmes, de même que leur vieillesse est plus précoce. Beaucoup sont stériles, et celles qui ont eu quatre à cinq enfants sont rares.

Elles allaitent leurs enfants pendant très-longtemps, trois ans en moyenne, quelquefois pendant cinq ou six ans. Cette durée abusive de l'allaitement est en partie nécessitée par la pénurie de ressources de ces gens ; mais elle n'en est pas moins préjudiciable à leur fécondité, partant à l'accroissement de la race ; sans doute aussi que l'oppression sous laquelle elles gémissent, les privations qui sont encore plus fréquemment leur partage que celui des hommes, en épuisant la vigueur de leur constitution, concourent au même résultat. Le dévergondage dans lequel elles usent leur jeunesse est une cause non moins puissante. Les garçons sont pubères vers l'âge de quatorze ans ; c'est du moins celui où la plupart d'entre eux commencent à se livrer au libertinage.

Les femmes parviennent rarement à un grand âge. Les hommes vieillissent moins vite : mais pourtant peu d'entre eux parcourent une longue carrière. Comme ils ne connaissent pas leur âge, il est difficile de faire une étude positive sur leur longévité. Voici pourtant un fait sur lequel il est possible d'asseoir une base assez solide d'observations : le père Montrouzier a connu à Balade, en 1847, un homme né pendant le séjour de Cook en ce pays, époque mémorable parmi les naturels. Ce vieillard, le plus décrépit qu'il ait jamais vu en Nouvelle-Calédonie, et auquel il eût volontiers donné quatre-vingt-dix ans, était le patriarche de sa tribu et des tribus environnantes. Or, Cook étant venu à Balade en 1774, cet homme n'avait que soixante-treize ans ! Bref, il est à peu près certain que la longévité et la durée moyenne de la vie sont moindres chez les Calédoniens que chez les peuples civilisés.

7.

— Les Néo-Calédoniens, comme tous les sauvages, ont les sens de la vue et de l'ouïe d'une exquise finesse, et ils n'auraient pas à redouter la comparaison avec les types de Fénimore Cooper. Ils sont très-agiles; leurs jambes musculeuses, quoique un peu grêles, semblent taillées pour la course. Leurs pieds, qui n'ont point subi la déformation et l'espèce de ratatinement que produisent nos chaussures ridiculement étroites, sont larges, ont les doigts écartés, et possèdent, dans toutes les articulations, une mobilité que l'exercice développe au-delà des bornes que la nature semble avoir fixées. En un mot, ce sont d'excellentes bases de sustentation, en même temps que des organes artificiels de préhension. Cela permet aux sauvages de grimper sur les arbres avec une étonnante agilité, et suivant un procédé qui mérite d'être noté, car il est très-différent du nôtre. Ils saisissent le tronc de l'arbre des deux mains, et se cramponnent par les doigts de pied aux aspérités de l'écorce; ils s'élèvent sur ce point d'appui en portant les mains un peu plus haut; puis, les mains devenant à leur tour le point fixe, les pieds font deux à trois pas, jusqu'à ce que le corps soit courbé en arc. Les membres supérieurs recommencent alors leur jeu, et ainsi de suite. D'autres fois, les pieds et les mains se meuvent alternativement et d'un côté à l'autre simultanément, comme dans la marche à quatre pattes, allure plus singulière et plus mécaniquement distincte de la nôtre que la précédente. En un mot, ils marchent en grimpant. Jamais ni le tronc, ni les bras, ni les cuisses ne sont appliqués contre l'arbre, comme dans notre manière de grimper, qui serait impraticable pour des gens nus, parce qu'ils s'écorcheraient contre les rugosités de l'écorce. Tandis que dans notre manière de grimper, ce sont les bras qui constituent les principaux agents de l'ascension, en tirant à eux le reste du corps; dans la leur, ce sont les jambes qui remplissent ce rôle, en se pliant et se redressant alternativement sur les pieds. En outre, ceux-ci s'élèvent et marchent en faisant arc-boutant contre l'arbre, pendant que les mains secondent et facilitent leur action en s'appliquant contre l'arbre en sens opposé.

— La marche des Calédoniens s'accompagne d'un mouvement de rotation du bassin, qui fait ressembler leur mode de progression à celui de la femme. Il ne me paraît pas cependant que leur bassin ait plus de largeur, ou que l'écartement des cavités cotyloïdes soit plus considérable que dans notre race, et j'attribue leur genre d'allure à l'habitude de marcher dans des sentiers très-étroits, où ils sont obligés de placer le pied qui s'avance presque dans le même alignement que celui qui sert de point d'appui. La rotation décrite par le bassin sur le membre qui sert de point fixe est alors plus considérable qu'elle n'a lieu chez nous. Tel est, à mon sens, le secret de leur allure.

Les Calédoniens sont de très-habiles nageurs. La natation n'est pour nous qu'un procédé de locomotion tout à fait artificiel. Nous n'arrivons à savoir nager qu'après une éducation spéciale et un long exercice. C'est un talent que nous pouvons acquérir; mais que nous n'improvisons pas. Chez nos sauvages, au contraire, la natation est une fonction naturelle. Demander à un Calédonien s'il sait nager, c'est lui faire une question aussi bizarre que de lui demander s'il sait marcher et courir. Leur mode de natation est encore très-différent du nôtre, et a beaucoup de rapport avec celui du chien. Les bras ne s'étendent pas en décrivant un mouvement circulaire; ils font la rame, et les pieds, au lieu de se mouvoir ensemble, entrent successivement en jeu et simultanément avec les mains.

Ces sauvages sont capables, à un moment donné, de déployer une force aussi considérable que le pourraient faire nos ouvriers ou nos manœuvres; mais elle est de peu de durée. Dans les expéditions de guerre qui se sont prolongées pendant plusieurs jours, j'ai remarqué que nos auxiliaires indigènes étaient épuisés de fatigue, alors que nos soldats tenaient encore très-bien la campagne. Cependant ces derniers étaient chargés d'un équipement que les premiers n'avaient point. J'expliquerais volontiers l'infériorité dynamique des Calédoniens, ou du moins leur impuissance à supporter longtemps les fatigues, par leur genre de nourriture. Ils n'absorbent guère, en effet, que des aliments sucrés et féculents, et fort peu d'aliments azotés. Leur nourriture est donc impropre à l'entretien des forces et à la résistance physique. Ils sont dans le cas d'une machine à vapeur qu'on bourrerait de combustible, en lui épargnant outre mesure l'eau, génératrice de la force et du mouvement.

— Dans le parallèle établi tout à l'heure entre la résistance dynamique des Calédoniens et celle de nos soldats, il est évident qu'il faut tenir compte, non-seulement des aliments solides, mais aussi des boissons fermentées dont usent nos compatriotes et dont n'usent point les indigènes. S'il est vrai que l'eau-de-vie n'est, comme on l'a dit, que le coup de fouet donné à un cheval fourbu, il n'en est pas moins vrai que de coup de fouet en coup de fouet on conduit le cheval fort bien. Le vin et l'eau-de vie ne sont que des aliments de respiration, mais il ne faut point oublier leur action spéciale sur le système nerveux, leur propriété excitante, qui retentit sur toutes les fonctions.

En résumé, notre opinion est, qu'à égalité de nourriture, les Néo-Calédoniens développeront une force égale et de même durée que la moyenne des Européens, que, par conséquent, ils ne nous sont point absolument inférieurs en puissance dynamique.

— La quantité de nourriture que ces sauvages peuvent ingurgiter en un seul repas, est vraiment extraordinaire, trois fois plus considérable que celle qu'un Européen pourrait consommer. Cette aptitude fonctionnelle tient à diverses causes; d'abord à la nature de leur alimentation habituelle, qui doit être prise en quantité d'autant plus considérable qu'elle est moins nourrissante, en second lieu à l'instabilité de leurs ressources.

— Le Calédonien sait bien quand il mange, mais il ne sait pas positivement quand il mangera ; aussi profite-t-il du mieux qu'il peut de l'occasion qui se présente de se remplir l'estomac. La pêche a-t-elle donné? les femmes apportent-elles ample moisson de fruits et de racines? on fait grande chère sans songer au lendemain. Y a-t-il, au contraire, pénurie complète, on se serre le ventre, en attendant meilleure aubaine, et, quand elle arrive, la voracité n'a d'égale que la patience avec laquelle on a supporté la faim. Il n'est pas très-rare que les indigènes restent tout un jour sans manger, et, dans les temps de disette, ces jeûnes deviennent bien plus fréquents et plus longs. Cette instabilité des ressources les plus essentielles donne à la longue une aptitude aussi grande à supporter l'abstinence qu'à engloutir des quantités fabuleuses d'aliments sans s'indigérer. On ne peut se dissimuler cependant que ces irrégularités de régime exercent une influence fâcheuse sur la santé, et entrent, pour leur quote-part, dans l'étiologie des maladies.

— Il est très-rare de voir des indigènes contrefaits. Parmi le très-grand nombre de ceux qu'il m'a été donné d'observer, je n'ai vu qu'un sujet affecté d'une incurvation vicieuse de la colonne vertébrale, probablement due au rachitisme. Faut-il en conclure que la race calédonienne produise moins de sujets difformes que la nôtre? Je ne le pense pas. Dans notre société, grâce à la sollicitude des parents, aux ressources de tous genres qu'on a sous la main, aux lumières de la médecine, tel enfant atteint de rachitisme, de mal de Pott, guérira, sauf une difformité persistante, tandis qu'un petit sauvage nu, mal nourri, ne pouvant bénéficier des ressources de l'hygiène ni de la médecine, mourra presque inévitablement. Voici donc un être difforme qui disparaît au berceau, tandis que l'autre constitue un membre de plus dans la société. En un mot, tout ce qui est chétif et malingre disparaît de bonne heure chez les sauvages et prolonge son existence chez nous. Le voyageur doit donc observer moins de sujets difformes en Nouvelle-Calédonie, et dans les tribus sauvages en général, que dans les nations policées, et dans notre France en particulier.

Les différences qui existent entre les indigènes des Loyalty et ceux de la Nouvelle-Calédonie, leur métropole, m'obligent à leur consacrer un paragraphe à part.

Il existe, dans les Loyalty, deux races très-distinctes, l'une qui représente la race jaune polynésienne, émigrée des Wallis, petit archipel de la Polynésie; l'autre qui est la race noire océanienne, la plus ancienne dans le pays et semblable à celle qui peuple la Nouvelle-Calédonie.

On imagine bien que ces deux races n'ont pas vécu côte à côte sans mélanger leur sang, quoique leurs rapports mutuels ne soient pas d'une date très-ancienne, puisque les naturels ne comptent que cinq générations depuis l'évènement.

De ce commerce intime il est résulté que la race jaune a perdu en beauté, et que la race noire y a gagné. Nonobstant, il est encore facile aujourd'hui de distinguer les échantillons de l'une et de l'autre variété anthropologiques. C'est à Ouvéa qu'on rencontre les plus nombreux et les plus purs descendants des émigrants wallésiens.

Cette tribu, de race conquérante, a conservé la langue de sa patrie originaire, mais altérée par la promiscuité avec l'idiome de la population primitive.

Ces gens sont plus grands et plus forts que les Calédoniens; leur physionomie est mâle et agréable, leurs cheveux sont plats ou frisés en longues mèches, mais jamais crépus, leurs lèvres sont relativement minces et peu renversées, le prognatisme peu prononcé, le front haut mais peu bombé, le nez plus allongé, les pommettes beaucoup moins saillantes que chez leurs voisins; enfin, et c'est ce qui les distingue de prime abord, la teinte de leur peau, beaucoup moins foncée, se rapproche de celle des habitants de Wallis et de Tonga-Tabou. Tel est du moins le portrait de ceux qui ont conservé le plus purement le type originel.

Les représentants de la race autochtone présentent, au contraire, le type calédonien que j'ai déjà fait connaître.

A l'île Lifou, de même qu'à l'île Maré, la population est moins belle, parce qu'elle n'a reçu, dans son sein, qu'une beaucoup moindre proportion de l'émigration wallisienne, mais il n'est pas rare pourtant d'y rencontrer des types polynésiens plus ou moins purs, c'est-à-dire des sujets à physionomie agréable, à cheveux longs et frisés ou même plats, à peau presque jaune. Comme taille et comme développement musculaire, les habitants de ces dernières îles sont bien inférieurs à ceux d'Ouvea, ce qui ne peut tenir, évidemment, qu'à une différence de race, les conditions d'existence étant les mêmes chez tous.

La population de l'*île des Pins* est de race calédonienne, mais on trouve chez quelques individus de la classe aristocratique, une supériorité de formes, une certaine noblesse de traits, qui décèlent la présence d'un sang étranger dans leurs veines. L'île a, en effet, reçu, à diverses époques, des émigrants polynésiens, soit directement, soit par l'intermédiaire des Loyalty, et l'on peut reconnaître encore aujourd'hui leurs descendants. Les indigènes des îles du nord (Béleps et Nénemas), sont de race calédonienne. J'ajouterai, par anticipation et pour n'y plus revenir, qu'ils ont mêmes mœurs, mêmes institutions, même industrie que leurs voisins de la grande île.

II

HYGIÈNE — MALADIES

Le lecteur connaît déjà une partie des influences physiques qui agissent sur les indigènes : constitution du sol, productions et climat. La suite du livre complétera les renseignements qui ont déjà été donnés sur la nourriture, et fera connaître ce qui a rapport à la tenue personnelle, aux habitations, aux mœurs. On verra que les indigènes sont toujours nus, que leur malpropreté est extrême, que leurs habitations sont inaérées, exposées généralement à l'humidité, enfumées, insalubres enfin. On verra qu'ils s'exposent à chaque instant et sans précautions aux changements de température, aux refroidissements brusques, qu'ils font, quand ils le peuvent, abus de tout, y compris du tabac; que grâce à leur paresse, à leur imprévoyance surtout, ils sont souvent en proie aux privations et quelquefois à la disette. On verra enfin que leurs mœurs en général sont loin d'être propices à leur conservation, et que sous le rapport de l'immoralité ils ne le cèdent à aucun autre peuple. L'hygiène investit pour ainsi dire l'homme et ce qui l'entoure ; ce n'est donc que par l'histoire complète du pays et de ses habitants qu'on pourra acquérir la connaissance approfondie d'une question que je ne puis qu'esquisser ici, et à laquelle chaque page fournira un élément. Je n'entrerai pas dans de longs développements sur les maladies qui affectent les Nouveaux-Calédoniens, ce qui sortirait du cadre que je me suis tracé et du plan que je me suis formé, je ne ferai qu'indiquer en quelque sorte celles auxquelles ils sont le plus sujets, renvoyant pour plus de détails le lecteur curieux de cette question à mon *Essai sur la topographie hygiénique et médicale de la Nouvelle-Calédonie*. (Thèse pour le doctorat en médecine, Paris, 1860). Cook, d'Entrecasteaux et leurs compagnons, trouvèrent la population malsaine. « On a cru, dit d'Entrecasteaux, apercevoir chez ce peuple des traces de maux vénériens ; c'est un fait qui mérite d'être éclairci. Cependant nous avons vu peu de gens parfaitement sains. Des ulcérations en différentes parties du corps sont très-communes ainsi que des gonflements considérables dans les aînes, etc. »

Que la syphilis ait été apportée dans le pays par les Européens, ou qu'elle y existât avant leur arrivée, question difficile à résoudre, toujours est-il qu'elle est aujourd'hui plus ou moins répandue par toute la côte. Il est incontestable que dans les localités le plus fréquentées par les marins elle ne soit très-commune, et rare dans les autres, et qu'elle n'ait sa part d'action dans l'affaiblissement de population facile à constater en certaines localités (1). On imagine facilement les ravages que peut produire la maladie vénérienne au sein d'une population qui ne songe pas à se mettre en garde contre elle, et qui ne sait apporter de remèdes à ses funestes effets. Non-seulement elle frappe de la façon la plus cruelle la génération présente, mais elle attaque, en quelque sorte par anticipation, la génération future qui la reçoit comme un fatal héritage, soit sous les formes qui lui sont propres, soit sous le voile d'une cachexie. Les maladies incomparablement les plus fréquentes, parmi les indigènes, sont les affections cutanées auxquelles les exposent leur nudité, leur malpropreté, et peut-être aussi une prédisposition innée. La plus commune, à laquelle n'échappe qu'un petit nombre d'individus, et qui, dans ses manifestations extérieures, a plus d'un rapport avec la syphilis, est une forme particulière de *frambœsia*, voisine du pian et de

---

(1) Le havre de Balade, si peuplé à l'époque de la découverte et le plus anciennement fréquenté par les marins, est aujourd'hui presque désert. A vrai dire plusieurs causes ont contribué à cette dépopulation. L'île des Pins, très-anciennement fréquentée aussi par les aventuriers, alors qu'ils n'osaient mettre le pied presqu'en aucun autre point du littoral, s'est singulièrement dépeuplée depuis l'époque de la découverte et se dépeuple de jour en jour. — Les naturels étant en quelque sorte inaccessibles aux boissons fermentées, celles-ci ne peuvent entrer en ligne de compte dans la question.

l'yaws, qui affectent la race noire dans l'ancien et le nouveau continent. Cette forme nouvelle, qui a été décrite pour la première fois dans ma thèse, est appelée du même nom par toute l'île, malgré la différence de langage des diverses tribus : elle est appelée *tonga*. Elle se développe de préférence chez les enfants ; mais les adultes n'en sont point exempts. Susceptible d'apparaître en tous endroits du corps, c'est aux orifices naturels, aux parties génitales, à la face, aux orteils qu'elle se développe de préférence. Les pustules qu'elle détermine s'ulcèrent fréquemment, et il en résulte ces plaies hideuses qu'ont signalées les premiers visiteurs et que remarquent encore tous les voyageurs.

Comme le *tonga* détermine l'engorgement sympathique des ganglions lymphatiques voisins, et qu'il présente du reste, tant par lui-même que par les accidents locaux qu'il détermine, de fréquents rapports avec la syphilis, il se peut que ce soit lui qui ait donné lieu à l'observation déjà citée de d'Entrecasteaux, et sa nature particulière justifie la réticence du judicieux navigateur.

Cette affection sévit également dans les localités où la maladie vénérienne est très-rare, et celles où elle est la plus fréquente ; elle sévit particulièrement sur les enfants, double caractère qui doit exclure l'idée d'une origine syphilitique.

Quoique très-différente, à coup sûr, de la variole, elle semble la remplacer chez ce peuple qui est tout à fait exempt de cette dernière. — Elle cause quelquefois la mort, mais chez les enfants seulement.

Les autres affections de la peau, fréquentes parmi les naturels, sont : *l'echtyma, l'impétigo, l'herpès, l'eczéma.*

L'*albinisme* ne compte que de rares victimes. On peut employer cette qualification, car la plupart des Albinos sont malsains. C'était le cas de 3 sur 5 que j'ai vus : quatre hommes et une femme.

Ces Albinos diffèrent beaucoup de ceux qu'on a étudiés jusqu'ici dans les autres races; ils ont en effet les cheveux et la barbe d'un blond de lin, et non pas blancs; ils ont l'iris bleu et la pupille noire, au lieu d'avoir le fond de l'œil rouge : aussi ont-ils la vue aussi bonne que les autres hommes; ils ont sur leur peau, d'un blanc terne, des taches étoilées qui ne sont autres que de larges taches de rousseur. En un mot, ce sont des Albinos incomplets.

Ce qui les distingue encore, c'est l'état sec et rugueux de leur épiderme, qui chez la plupart est écailleux et parsemé de croûtes. Tel était le cas de 3 sur 5. Voilà sans doute la maladie qui, observée chez les Papouas de la Nouvelle-Guinée et de Java, a été signalée par les voyageurs comme une *espèce de lèpre.* Les Albinos calédoniens seraient alors frères des Kakerlaks et des Dondos. — Ces Albinos sont sans doute les *hommes blancs,* signalés par Forster, compagnon de Cook; mais ces hommes blancs ne constituent nullement une race particulière; car ils procréent quelquefois des enfants sains et noirs, et leur infirmité seule les distingue de leurs compatriotes. Ils sont dispersés dans les diverses tribus, ce qui prouve que l'albinisme n'est pas inhérent à une localité.

L'*éléphantiasis des Arabes*, beaucoup moins répandu en Nouvelle-Calédonie que dans la Polynésie, n'est cependant pas rare, surtout dans le nord de l'île plus chaud que le sud, tant en raison de sa proximité plus grande de l'équateur qu'en raison de la nature du sol. — On sait que cette maladie détermine une hypertrophie énorme des parties qu'elle frappe ; le volume des jambes, par exemple, devient monstrueux, et leur couleur, leur induration, les poils rudes et clairsemés qui les couvrent, tout justifie la comparaison à laquelle l'éléphantiasis doit son nom.

Cette affection, qui atteint également les individus des deux sexes, vers la période moyenne de l'existence ou dans la vieillesse, n'abrége pas sensiblement leur existence.

La nudité des indigènes qui les laisse désarmés contre toutes les variations de température, l'imprudence avec laquelle ils s'exposent aux refroidissements brusques, en se couchant sur l'herbe ou en se jetant à l'eau après des exercices forcés et le corps ruisselant de sueur, sont pour eux l'origine d'un grand nombre de maladies, telles que les *inflammations des organes respiratoires* : laryngite, bronchite, pneumonie, pleurésie.

Les mêmes causes jointes à leurs écarts de régime,

à l'humidité de leurs habitations et du milieu où ils les établissent, à leur misère, à la pénurie de vivres qui les force souvent à en consommer de mauvaise qualité, les exposent aux *flux intestinaux*, qui sévissent quelquefois épidémiquement et avec violence.

Une maladie qui à elle seule moissonne plus de victimes que toutes les autres ensemble, c'est la *phthisie pulmonaire*. Elle est véritablement le fléau de la population indigène. — La *tuberculisation* en général, sans parler des organes divers où elle se développe, est fort commune parmi les Néo-Calédoniens. Bon nombre d'enfants succombent au *carreau*.

Les *scrofules* sont aussi très-répandues.

La prédominance du système lymphatique, qui est générale chez les sujets de cette nation, les prédispose aux *engorgements ganglionnaires*, aux *adénites*. Rien de plus ordinaire que de voir non-seulement ces engorgements de l'aîne, dont parle d'Entrecasteaux, mais ceux des aisselles, du cou.

Les *hydropisies*, résultant d'un appauvrissement du sang dû à une maladie chronique grave, et plus souvent encore à la misère, ou causées par une de ces répercussions sudorales auxquelles les indigènes s'exposent sans cesse, doivent encore être mises au nombre des affections qui sévissent sur eux.

Enfin, les maladies des yeux, *conjonctivite blépharite*, sont assez fréquentes. L'habitude funeste de dormir en été, en plein air, sous la double influence du refroidissement nocturne et de la rosée, n'a pas la moindre part à leur production.

La *cataracte*, l'*amaurose*, les *taies de la cornée*, rares dans la plus grande partie de l'île, le sont moins sur le littoral du Nord-Est, dont le sol est, par sa nature, plus propre à en provoquer le développement.

Telle est l'énumération des maladies qui frappent plus communément les Néo-Calédoniens.

Nous verrons, plus tard, quels sont les moyens curatifs qu'ils sont en mesure de leur opposer.

Voici venir, enfin, une affection qui ne mérite pas une place ici pour sa fréquence, car elle est rare au contraire, mais pour sa singularité. C'est un *délire aigu démonomaniaque*, seule forme de folie qu'on observe chez les Néo-Calédoniens.

On sait que plusieurs voyageurs, en Amérique, en particulier de Humboldt, ont constaté l'absence ou l'extrême rareté de l'aliénation mentale dans les tribus indiennes. On a dit, et avec juste raison je trouve, que les causes morales si nombreuses qui provoquent dans les sociétés policées le développement de cette affection, n'existent point pour la plupart dans les hordes barbares. Quiconque a vécu quelque temps côte à côte avec les sauvages, sait qu'il n'est aucun événement susceptible de les impressionner longtemps et vivement; l'insouciance est l'essence même de leur caractère et leur procure, à bien des égards, les mêmes avantages que la philosophie. Mais il est un ordre d'impressions mentales dont les sociétés barbares sont le domaine de prédilection, je veux parler des idées superstitieuses, des terreurs paniques, de toutes les misères morales entretenues par l'ignorance, et trop souvent exploitées par le charlatanisme d'une caste.

Rien d'étonnant alors que ces impressions, d'autant plus puissantes qu'elles ont pour sujet des cerveaux plus faibles, et accessibles pour ainsi dire à elles seules, ne produisent des effets en rapport avec leurs causes, c'est-à-dire des dérangements psychiques et sensoriaux liés à la théomanie et à la démonomanie. Voilà ce que j'ai cru observer chez les Néo-Calédoniens, et c'est là que je voulais en venir.

Ces sauvages sont éminemment superstitieux. Ainsi qu'on en verra les preuves dans la suite de ce livre, la croyance à des *esprits* dont il serait trop long de faire la nomenclature et de caractériser l'espèce et les propriétés, la foi dans les prodiges, la confiance dans les sorciers sont vivaces parmi eux.

Le dogme de l'immortalité de l'âme et la croyance dans un autre monde peuplent les bois, les cimetières, une foule de lieux, d'êtres extraordinaires, âmes des ancêtres ou esprits incréés.

Les *apparitions* sont fréquentes, les maladies réputées tenir à *possession* le sont davantage encore, mais la seule affection mentale est celle qui tient à l'*enlèvement du cœur*, c'est-à-dire de l'intelligence, car les Néo-Calédoniens ont placé le souffle de la vie et le centre de ses manifestations dans cet organe, qu'ils voient palpiter sous l'effort d'un agent inconnu dans le corps de l'ennemi qu'ils éventrent.

Voici donc cette singulière maladie, qui rappelle à la fois les possessions des temps anciens et les hallucinations religieuses des temps modernes.

Un individu mâle ou femelle, bien portant et sensé, est pris tout à coup d'un délire ou furieux ou ébriétiforme. Son œil devient hagard, sa physionomie revêt un aspect étrange, il s'agite et parle d'une façon déréglée. Il montre du doigt les êtres fantastiques qu'il voit et qu'il entretient. Il les poursuit ou cherche à leur échapper, et, pour cela, escalade les montagnes avec la vélocité d'un chevreuil et court, en quelque sorte, sur les troncs perpendiculaires des cocotiers comme sur un plan horizontal. Il lance des pierres ou des sagaïes à tort et à travers, frappe les personnes qu'il rencontre et qu'il prend sans doute pour ce qu'elles ne sont pas. — Dans une autre forme de délire, plus calme, l'individu rit et déraisonne à la manière des gens ivres, s'entretient avec des êtres imaginaires, les montre du doigt aux assistants, fait des actes sans conséquence, mais reste doux et calme. Cette forme paraît être beaucoup plus rare que la précédente. Je me hâte d'ajouter que les Calédoniens ne connaissent aucune boisson, aucune substance enivrante.

Dans l'un et l'autre cas, l'accès délirant n'est jamais de longue durée, une heure ou une heure et demie, après quoi les sujets tombent prostrés, et, revenant complétement à la raison, racontent d'ordinaire les choses étranges qu'ils ont vues à peu près comme on rendrait compte d'un rêve : « *Mon cœur était parti*, disent-ils, j'ai vu le père, le frère d'un tel (morts depuis tant d'années), j'ai vu tels et tels esprits, j'ai assisté à une grande fête chez nos ancêtres, etc., etc. »

Un chrétien, du nom de Bonifacio, avait vu l'enfer. — Durant un sermon sur l'enfer, deux femmes furent prises simultanément du délire dont il est question. Ce délire est, du reste, susceptible de se propager par la contagion de l'exemple, comme chez nous au temps des convulsionnaires de Saint-Médard.

Un jour, sept femmes furent prises coup sur coup, et parcoururent, en *bacchantes*, les bois et les montagnes. Ici le délire était probablement lié à la nymphomanie ; mais, comme les faunes, les démons de luxure sont très-nombreux dans les lieux écartés, on voit que c'est toujours le même ordre de causes et de phénomènes.

En aucun cas le délire n'a de suite funeste, il ne laisse après lui qu'une prostration plus ou moins prolongée, que pourraient expliquer à eux seuls les prodiges de gymnastique qui l'ont accompagné.

Un premier accès est généralement suivi d'un ou plusieurs autres rapprochés ; c'est ainsi qu'il en survient trois, quatre, cinq, pendant deux ou trois jours consécutifs ; puis, les sujets guérissent pour toujours ou provisoirement. En ce dernier cas, après un intervalle de plusieurs mois, d'une ou de plusieurs années, une récidive a lieu, c'est alors une sorte de folie intermittente. Les causes physiques extérieures (surcroît de chaleur, soleil, etc., etc.) ne paraissent avoir aucune part à sa production. Cette folie se développe en toutes saisons et en tous lieux. Certaines organisations y paraissent prédisposées, car ce sont généralement les mêmes sujets qui, dans une même année ou à plusieurs années d'intervalle, en sont repris.

Leur santé est, du reste, parfaite en temps ordinaire, et ils ne se distinguent nullement des autres personnes par l'état de leur intelligence et le fonctionnement de leur cerveau.

Cette maladie a, en somme, des rapports très-frappants avec l'*obsession* des temps anciens.

Dans l'opinion des Néo-Calédoniens, c'est bien une obsession, le fait d'un être surnaturel, aussi le sorcier a-t-il la spécialité de sa cure. — On va quérir un familier des *esprits* qui ne craint pas de contrarier un lutin. Ce sorcier admoneste vivement le malade, et arrête ainsi son attention sur un visage sévère et qu'on est habitué à respecter ou au moins à craindre, et parvient quelquefois à achever sa cure par la *surprise*, en crachant brusquement dans l'oreille ou dans l'œil du malade des herbes mâchées, qu'il tenait en réserve dans la bouche. Ce genre de guérison, dont il est difficile de contester l'authenticité, ne peut s'expliquer évidem-

8.

ment que par le brusque changement d'idées apporté dans l'esprit du malade. — Bien entendu que le sorcier dit, et que les indigènes croient, que les herbes en question jouissent d'une vertu spécifique.

J'ai dit que la folie, dont je viens d'essayer de donner une idée, est la seule qui existe chez les Néo-Calédoniens. Mais l'idiotie existe aussi, bien qu'elle m'ait paru rare. J'en ai eu deux exemples ; l'un chez un individu rabougri, évidemment arrêté dans son développement; l'autre chez un jeune homme atteint en même temps de chorée.

III

RÉGIME ALIMENTAIRE

Le Néo-Calédonien fait sa principale nourriture de substances féculentes; l'igname et le taro remplacent pour lui le pain; les coquillages et le poisson en sont les assaisonnements. La canne à sucre n'est qu'un aliment sans valeur, propre à calmer la soif et à engourdir la faim. Mais il n'en est pas de même de la banane et du coco, dont la valeur nutritive se place peut-être avant tout le reste, la chair exceptée. Les fruits de l'arbre à pain et du papayer sont en trop petite quantité pour qu'on puisse en tenir compte ; il en est de même des autres fruits agrestes, racines, tubercules. écorces, dont j'ai donné la liste dans la première partie de ce livre, et qui sont ou rares, ou de mauvais goût, ou sans valeur nutritive. Les indigènes ne les considèrent, au reste, que comme des pis-aller qu'on ne consomme que faute de mieux. Le haricot de Tonga est excellent sous tous rapports, et c'est l'aliment végétal le plus azoté qu'ils possèdent, mais il n'existe encore que dans certaines tribus et en petite quantité. La patate douce, également importée, fournit son contingent à la table du sauvage, mais c'est encore un accessoire, et un accessoire de peu de valeur.

On a dit que les Néo-Calédoniens se nourrissaient, en temps de disette, d'une espèce de terre. Cette terre est une stéatite molle qu'on trouve en grande abondance dans tout le N.-E. Elle est l'analogue de la craie de Briançon et de la poudre qui sert à faire glisser les bottes. Je laisse à juger s'il est facile de se nourrir avec ce mets-là. Il n'est propre qu'à engourdir les tiraillements douloureux de la faim, en donnant prise aux contractions de l'estomac. Comme cette stéatite n'existe pas par toute l'île, bon nombre de tribus doivent recourir à une autre espèce de terre ou n'en pas manger du tout, ce qui, pour le résultat final, revient à peu près au même.

Aux Loyalty on mange une terre alumineuse chargée de détritus organiques, et qu'on recueille dans les excavations du rocher remplies d'humus.—Cette terre, pétrie en boulette, est dure, mais elle se délite très-facilement au contact de la salive, n'a aucun mauvais goût, et s'avale facilement. C'est un chocolat trompeur, car sa propriété nutritive, peut être un peu moins nulle que celle de la stéatite, n'est susceptible d'engraisser personne.

Dépourvu d'armes propres à tuer les oiseaux, et habitant une terre privée de mammifères, l'indigène ne mange pas de gibier, car on ne peut faire entrer en ligne de compte les quelques roussettes qui se laissent surprendre dans leur sommeil diurne, pendues qu'elles sont comme une feuille morte aux branches des arbres dans les fourrés les plus obscurs et les plus retirés. Il élève quelques volailles, et, en quelques localités, des cochons, mais comme objet d'échange avec les marins qui trouvent commode de se ravitailler, moyennant le don de quelques bagatelles. Quant à la chair humaine, elle n'a jamais été un objet d'alimentation publique nulle part, et je dirai ailleurs quand et comment on en use. Cette question ne doit pas avoir ici sa place, Dieu merci !

Le Néo-Calédonien ne mange donc pas de viande ? Non, c'est très-fâcheux pour lui. — Sans doute le coquillage et le poisson sont de la chair ; mais cette chair ne vaut pas celle des mammifères. D'ailleurs, le coquillage est une pauvre nourriture, et le poisson fait souvent défaut. Que de fois, dans nos tournées sur la côte, n'avons-nous pas parcouru les villages à l'heure du principal repas, celui du soir, et n'avons-nous pas fouillé les cuisines sans y trouver autre chose que des crabes, des oursins, des coquilles, sans un seul poisson, même chez les riches ! Si les riverains manquent assez souvent de poisson, qu'on juge de ce qu'il doit en être pour ceux qui habitent au fond des vallées et qui n'ont pas de pirogue. Les rivières, généralement torrentueuses, si ce n'est à la fin de leur cours, ne nourrissent du poisson que dans leur estuaire ; la mer seule en réalité fournit de la pêche.

Les tortues, qui sont de tous les animaux marins fréquentant les rivages de la Nouvelle-Calédonie, ceux dont la chair est la plus savoureuse, les tortues, dis-je, sont réservées aux chefs et à leurs familles.

En résumé, l'alimentation des indigènes est foncièrement végétale, féculente, et fournie par des racines, considération importante, car les racines ne valent pas les graines ; aux premières, les sels, le ligneux l'amidon ; aux deuxièmes, le gluten, le caséine végétal, et l'amidon, c'est-à-dire l'aliment complet. Voilà pourquoi il faut doter les Calédoniens des céréales, des haricots, des fèves, des pois.

Chose étrange ! Des gens qui usent de mets aussi fades que le sont l'igname et le taro, ne connaissent aucun condiment.

L'eau de mer, mêlée au lait de coco fermenté, tient lieu de salière sur la table des insulaires de la Polynésie ; les peuplades barbares du fond de l'Afrique achètent le sel au poids de l'or ; l'usage du sel enfin est aussi ancien que le monde.

« Peut-on manger d'une viande fade qui n'est point assaisonnée avec le sel, » dit l'Ecriture (*Job*, chap. VI, verset 6e).

« Vous êtes le sel de la terre, dit Jésus-Christ à ses Apôtres ; si le sel perd sa force, avec quoi le salera-t-on ? »

La nécessité du sel était donc bien reconnue dans ce temps-là ! — Les Romains, comme tous les grands peuples, a dit un écrivain spirituel, étaient grands mangeurs de sel. Eh bien ! les Calédoniens, qui ne sont qu'un petit peuple, n'en usent point. Une coutume aussi anormale est faite pour étonner de prime-abord, si l'on songe au rôle que joue le sel dans la digestion, dans l'hématose, dans la nutrition. Mais une observation attentive rend compte de cette anomalie.

Les indigènes suppléent au sel en nature par l'ingestion des coquillages, par celle de l'eau de mer, prise à la vérité plutôt comme médicament que comme boisson, mais qui en livre toujours une certaine quantité à l'absorption. Ils y ont recours au moins une fois par mois, et à l'île des Pins une fois par semaine.

On y voit les femmes, emportant leurs jeunes enfants dans les bras, se rendre au rivage, s'y gorger d'eau de mer, et en faire ingurgiter, bon gré malgré, à leur progéniture. Voilà la précaution poussée jusqu'à l'abus ; mais elle témoigne du moins de l'instinct conservateur qui nous fait rechercher le sel sous une forme ou sous une autre.

Les habitants les plus éloignés du littoral y descendent pour se procurer des coquillages, et, de temps en temps, pour boire de l'eau de mer. — Ainsi donc, les Néo-Calédoniens ne se soustraient pas à la loi générale, et s'ils prennent le sel sous une autre forme que nous, du moins n'en sont-ils pas sevrés.

Une anomalie plus réelle que la précédente, c'est l'abstention de toute boisson fermentée. Non-seulement les peuples civilisés sont en possession de liqueurs fortes, mais presque tous les barbares ont su en inventer, ou au moins les remplacer par des substances enivrantes.

Le Taïtien s'enfonce dans la solitude pour y jouir, à l'abri de la police, de l'ivresse de l'eau-de-vie d'orange. Le Marquesan, le Fidjien, etc., se plongent dans la torpeur du kava, liqueur enivrante sans être fermentée ; les Kamtschadales et les Koriates préparent une boisson enivrante avec des champignons vénéneux. Le Calédonien presque seul, non-seulement ne compose aucune liqueur de cette nature, mais ne montre aucune appétence pour celles que lui présentent les Européens. Heureux instinct qu'il faut s'efforcer d'encourager, et non pas de détruire ! Ils ne boivent que de l'eau, mais une eau saine que partout les ruisseaux peuvent lui fournir. Les éléments du régime alimentaire étant connus, voyons comment il se distribue.

La cuisine se fait à l'étuvée dans de grands pots de terre de confection indigène, et dont on obture le large goulot avec un paquet de feuilles. Pour cuire ainsi le poisson, on l'enveloppe préalablement de feuilles de bananier ; ou bien elle se fait dans un four improvisé avec des pierres rougies au feu, ou enfin dans la cendre chaude. Mais cette cuisine, et par conséquent le repas sérieux, ne se fait que le soir, au coucher du soleil ; le matin, on mange les reliefs du dîner de la veille, et dans la journée, on grignote des cannes à sucre, quelquefois de jeunes tiges d'hibiscus, dont l'écorce est mucilagineuse ; on croque enfin les bagatelles qui tombent sous la dent. A la saison des taros et des ignames, on mange *son soul ;* mais ignames et taros sont bientôt dévorés, on verra comment.

Fatale imprévoyance, qui presque toute l'année ne leur laisse qu'une nourriture précaire : les racines et les fruits agrestes. La mer, fort heureusement, est là qui supplée à leur imprévoyance et à la pauvreté des champs ; mais, à part les coquillages, la pêche est elle-même une ressource précaire, car elle ne donne pas toujours, et on la néglige souvent par insouciance et par paresse. Nul homme ne sait se façonner aussi bien que le Calédonien à l'occurrence ; il est intempérant quand il peut, et sobre quand il le faut. Un Français (je ne dis pas un Anglais!) ne saurait se contenter longtemps du régime des Calédoniens; son organisation en souffrirait profondément. Un de nos malheureux compatriotes, qui a été trois mois durant leur prisonnier (M. Napoléon Abribat) dit avoir souffert presque continuellement de la faim, bien qu'on ne négligeât jamais de lui donner sa quote-part, et qu'on la lui fît souvent double, parce qu'on le voyait dépérir (1).

C'est durant l'hivernage, en décembre, janvier, février, que la pénurie des vivres est extrême; mais même en temps ordinaire, l'indigène ne fait la cuisine qu'une fois par jour.

Heureux quand le soir il a pu ramasser de quoi mettre la marmite au feu! En pareil cas, son sort lui semble extrêmement enviable. Une journée de jeûne ne lui est pas très-pénible, et un Calédonien qui a bien mangé la veille ne se croit pas rigoureusement obligé à manger le lendemain.

Quand un chef, un riche propriétaire emploie des manœuvres, il ne leur donne de la nourriture qu'après le travail. Avec un pareil système, le labeur est peu soutenu et ne dure pas plus de trois à quatre heures par jour. C'est la machine à laquelle manque le com-

---

(1) Il avait été adopté par un chef qui tenait beaucoup à mettre à profit son adresse présumée dans la réparation des armes à feu. Cet homme, échappé au massacre de six de ses compagnons, qui cherchaient de l'or comme lui et n'avaient trouvé que la mort, parvint enfin à s'évader.

bustible ! Plus d'un riche propriétaire en France fait comme ces chefs de sauvages, sans avoir comme eux l'excuse de la barbarie sociale, en donnant à ses ouvriers du pain de qualité inférieure, de la morue ou des pommes de terre en guise de viande, et de l'eau claire en guise de vin. Il croit faire des économies sur ses écus, et ne s'imagine pas que la machine développe d'autant moins de force qu'on lui épargne davantage les éléments du mouvement. En réalité il ne gagne rien, car s'il dépense moins, il reçoit moins aussi, et la machine y perd beaucoup, car elle s'use infiniment plus vite.
— On ne saurait dire si les Calédoniens sont sobres ou intempérants. J'aime mieux avancer qu'ils sont patients et voraces ; car ils montrent une égale aptitude à attendre longtemps la nourriture, et à l'engloutir en quantité fabuleuse quand en arrive l'aubaine.

Ceci provient de l'instabilité de leurs ressources, qui les habitue dès le jeune âge à supporter longtemps et patiemment la faim, et leur enseigne en même temps à profiter de la bonne occasion quand elle se présente.
— Vivre au jour le jour, telle est la maxime de l'indigène, ou plutôt telle est son habitude, car il ne raisonne guère. *Garder une poire pour la soif* est un proverbe tout à fait inconnu en Nouvelle-Calédonie.

Comme un mets est jugé d'autant plus succulent qu'il a été plus impatiemment attendu, la victuaille est prisée au plus haut point par le sauvage ; aussi rapporte-t-il tout à cet objet. « Tu parles beaucoup, dit-il au missionnaire qui lui enseigne la doctrine chrétienne, ta bouche est un ruisseau d'où coulent les paroles; mais quand nous donneras-tu des vivres? L'observation de ce que tu nous prescris doit-elle nous en rapporter? Vois-tu, ce qu'il nous faut à nous, c'est ce qui remplit le ventre. » Ou bien après avoir attentivement écouté un sermon, il dit au prédicateur : « Nous t'avons bien écouté, donne-nous maintenant notre récompense. »

L'abondance de vivres est le criterium de son jugement sur une personne ou sur un pays. Prend-il des informations sur une contrée lointaine dont lui parle un Européen, il ne demande pas si elle grande, si elle est belle, s'il y fait chaud ou froid, mais « y a-t-il beaucoup d'ignames? »

Monte-t-il sur un vaisseau de guerre, ce qui l'impressionne davantage, ou du moins lui laisse une idée plus durable de notre puissance, ce n'est pas le spectacle d'un branle-bas de combat, mais le coup d'œil du dîner de l'équipage. « Ces oui-oui, dit-il, ont beaucoup à manger ; ils sont puissants! » Il est vrai qu'à la première occasion où le Calédonien se trouvera en tête à tête avec une bonne marmite d'ignames, il se croira à son tour le plus heureux, le plus grand, le plus puissant des mortels.

IV

HABILLEMENT, TENUE ET PROPRETÉ

Le Néo-Calédonien s'habille légèrement quoiqu'avec recherche. Une dame demandait un jour, en France, à un homme d'esprit, quel était le vêtement des indigènes de la Nouvelle-Calédonie. « Madame, répondit-il, avec une paire de gants, vous habilleriez dix hommes, mais pour les femmes c'est autre chose, il leur faut plus d'étoffes. »

Je ne saurais sans faire rougir la pudeur donner une description plus exacte du vêtement masculin.

Ce n'est pas qu'ils n'aient de sérieuses prétentions à cacher leur nudité, mais en réalité, ils ne font que l'orner.

Je renonce de grand cœur à peindre tous les caprices de la mode à cet égard.

Les bras sont parés de bracelets en coquillages et les avant-bras d'un cordon de poil de roussette, supportant une coquille précieuse qui joue le rôle de brillant.

Des jarretières de même nature, qui sont de pur ornement, se placent au dessous des genoux. La tête est l'objet d'un culte tout particulier, non pas de propreté mais d'ornementation. Tantôt la chevelure, ramenée en touffe au sommet de la tête et enveloppée d'une pièce d'étoffe, forme un édifice qui n'a d'analogue que le casque du carabinier ou le colback du hussard, tantôt la chevelure coupée à la titus est ceinte d'une sorte de turban orné d'une aigrette, ou bien la tête supporte une coiffure cylindrique en feutre noir grossier, qui rappelle le couvre-chef favori des Européens et n'est pas plus ridicule. — Les uns se rougissent les cheveux avec la chaux, d'autres se privent de ce luxe de toilette et de propreté. Quant à la barbe, on la porte entière, en collier ou on la rase. Les indigènes attachent une grande importance à cet attribut de la virilité. Quand deux ennemis se réconcilient, ils se rasent mutuellement la barbe, sombre enseigne de la haine qu'ils nourrissaient dans leur cœur et qui est désormais éteinte. A la première expédition de guerre dont j'eus l'honneur de faire partie, je vis un chef indigène, notre auxiliaire faire sa paix avec un chef ennemi qui venait offrir sa soumission : il lui tendit la main, et, cassant une bouteille, il en prit un tesson qui lui servit à faire la barbe à son compatriote. La cérémonie s'accomplit avec la gravité que mettent les indigènes dans les affaires politiques.

Des amis qui se rencontrent après avoir vécu longtemps séparés, procèdent à la même cérémonie en signe de réjouissance.

Le sujet qui a eu l'honneur de rendre les devoirs funèbres à son souverain, laissé croître sa barbe pendant deux ou trois années consécutives jusqu'à ce que la grande fête commémorative lui permette de supprimer en grand appareil cet emblême de deuil.

Les femmes portent des ceintures à franges larges de quinze vingt à centimètres, munies quelquefois d'une sorte de tablier qui, au lieu d'être antérieur, est postérieur, on devine dans quel but. Les filles portent une ceinture plus étroite que les femmes mariées, si étroites aux Loyalty, qu'elle ne remplit plus du tout le but pour lequel elle est faite. Des bracelets comme ceux des hommes et des colliers faits de petits morceaux de serpentine verte ou de grains de verre complétent leur costume.

Les colliers de serpentine sont le *nec plus ultrà* de la joaillerie indigène.

Hommes et femmes ont le lobule de l'oreille allongé et percé d'un énorme trou dans lequel on passe une rondelle d'écorce élastique, qui dilate l'ouverture jusqu'à lui donner 3 ou 4 centimètres de diamètre. En signe de deuil, à l'occasion de la mort d'un chef ou d'un proche parent, on fait le sacrifice de cet ornement, l'on déchire alors la boutonnière percée dans le lobule dont il ne reste plus désormais que deux lambeaux hideux. De cette façon les signes de deuil sont éternels.

Nos dames admireront sans l'imiter le courage du beau sexe calédonien.

Je n'ai vu que quelques hommes qui portassent une petite tige passée transversalement dans la sous-cloison du nez (1).

Le tatouage n'est pas très en vogue et les hommes en usent moins que les femmes.

Dans certaines tribus, il consiste en de petites lignes noires sur diverses parties de la face et des cuisses. Dans d'autres c'est le tatouage *en relief* qui est seul en usage. Il se porte sur les bras et sur la poitrine (les seins particulièrement), et s'obtient au moyen de moxas faits avec un brin d'herbe sèche dont, on pique une extrémité dans la peau, et qu'on fait brûler complètement, en mettant le feu à l'autre bout. Les brûlures, disposées avec une certaine symétrie, laissent autant de petites cicatrices rondes et gaufrées.

Il ne faudrait pas croire que l'indigène fît peu de cas de son déshabillé et qu'à la vue d'un Européen vêtu des pieds à la tête, il eût un ardent désir de l'imiter. Point du tout : plus fier dans sa nudité qu'un hidalgo dans son manteau, il considère comme souverainement ridicule d'emmailloter le chef d'œuvre de

---

(1) Cette coquetterie, très-rare en Calédonie, est en grande faveur chez les Australiens. Je l'ai observée aussi chez les sauvages de l'île Rossel, dans l'archipel de la Louisiane, près de la Nouvelle-Guinée. C'est cette tige que les matelots du grand marin anglais appelaient facétieusement *la vergue de beaupré.*

la création. Le désir ou le besoin de se couvrir dénote chez celui qui l'éprouve, un long frottement avec les Européens et un commencement de civilisation. — Un grand chef dont les indigènes et même les Européens gardent le souvenir pour son intelligence, son énergie et la protection qu'il accordait aux blancs, Kaï, chef de la tribu de Kanala, vint un jour à notre bord dans une pirogue nagée à l'européenne, et dans laquelle nous remarquâmes avec surprise un de ces vases que les fumeurs recherchent pour ne point souiller les parquets.

Il portait une belle redingote noire avec une écharpe rouge, à la façon des officiers anglais. Introduit dans notre carré (salon de l'état-major) il nous salua avec autant d'aisance qu'un Européen. Mais, soulevant le pan de sa redingote et sa chemise il nous montra au haut de sa cuisse un furoncle qui l'empêchait de porter un pantalon. Cette excuse quoiqu'elle ne fût pas de bon goût, dénotait chez ce Calédonien une civilisation avancée.

Les jeunes gens que les missionnaires veulent faire habiller, sont souvent pris à partie par les vieillards qui leur disent « Eh quoi ! abandonnerez-vous pour des étrangers les coutumes de vos pères ? votre ridicule accoutrement vaut-il la mâle et simple tenue que nous vous avons donnée ? Les vêtements des blancs sont tout au plus bons pour les femmes. »

Mais les femmes elles-mêmes ne s'en soucient guère

surtout quand il s'agit de voiler leurs seins. Quant à la ceinture, c'est une pièce du costume indigène qu'elles sont loin de dédaigner. Quand les missionnaires de l'île des Pins mirent un terme à l'indécente coutume, d'après laquelle les filles allaient absolument nues jusqu'au mariage, ils provoquèrent une sorte de révolution dans le monde féminin, les femmes mariées considérant comme un privilége de leur état le droit de porter la ceinture, et protestant avec force contre l'usurpation de ce privilége. Les habitants de la grande terre sont plus soucieux de cacher leurs trésors. Les filles comme les garçons ne vont nus que jusqu'à l'âge de 5 ou 6 ans. Aux Loyalty, on attend un peu plus tard pour les filles. Les garçons vont comme les hommes, c'est-à-dire toujours nus, mais ils emploient un artifice moyennant lequel ils se croient très décents. Il consiste à passer en ceinture autour des reins une ficelle qui maintient la rectitude. Voilà tout le vêtement des insulaires des Loyalty; il ne leur donne ni un atôme de chaleur ni un centimètre d'ombre, et cependant il leur suffit. *Sancta simplicitas !*

A l'inverse de ce qui se fait en France, les femmes portent la chevelure rasée ou au moins courte, et les plus coquettes se la blanchissent avec de la chaux. Elles rappellent alors les marquises poudrées du siècle passé.

Les Néo-Calédoniens ne brillent pas par cette propreté qui est la première vertu de l'insulaire de Taïti.

9.

Privé de linge de corps, il n'a nul souci de remédier par de fréquentes ablutions aux conséquenses fatales et dégoûtantes de cette pénurie. Ce n'est pas qu'il ait crainte ou horreur de l'eau, mais il ne voit de nécessité de s'y plonger que pour la pêche ou pour traverser une rivière, ou bien encore pour se rafraîchir. En profiter alors pour se laver est la moindre de ses préoccupations. Bref, les indigènes sont d'une malpropreté dégoûtante ; ils fourmillent de vermine qu'ils mangent ; leurs habitations en foisonnent. Comme les repas se prennent autant que possible en plein air, c'est autour des cabanes que s'accumulent les débris avec les immondices. On imagine bien qu'il n'y a ni police urbaine ni édiles pour veiller à leur enlèvement et à la propreté générale de la commune.

V

PHYSIONOMIE MORALE DU NÉO-CALÉDONIEN. — CARACTÈRE. — INTELLIGENCE. — QUALITÉS ET DÉFAUTS. — PASSIONS.

Forster, compagnon de Cook, trouva les Néo-Calédoniens doux, probes, humains et quasi poétiques. Rien de plus naturel : Forster était de son époque; il voyait les sauvages au travers du prisme philosophique du xviiie siècle, et partageait sans doute l'opinion que son confrère, le naturaliste Lamanon, émettait la veille du jour où il fut massacré : « *Les sauvages valent mieux que nous.* »

D'Entrecasteaux et Labillardière, qui abordèrent dix-huit ans plus tard sur la même plage, nous représentent ces mêmes hommes, comme de hardis voleurs et de cruels anthropophages. Quel changement de tableau et comment l'expliquer?... « C'est que des guerres intestines ont éclaté depuis le départ du navigateur anglais, peut-être pour s'arracher les *richesses* laissées par celui-ci, et ces guerres, jointes à leur paresse naturelle, les ont réduits à la famine et par suite au cannibalisme. »

Bons Calédoniens, qui depuis des siècles viviez comme des frères, fallait-il donc que les perfides enfants de Japhet vous apportassent la pomme de discorde, pour vous mettre les armes à la main et vous plonger dans la plus atroce barbarie !

Les gens qui refusent d'admettre qu'une pareille révolution dans les mœurs ait pu se faire en 18 ans, et se propager parmi 45,000 individus, à l'occasion d'une visite faite à deux milliers d'entr'eux, pensent tout simplement que les navigateurs Français ont observé des faits qui avaient échappé aux premiers visiteurs.

En fait, à l'heure qu'il est, les Néo-Calédoniens sont encore cruels, perfides, anthropophages.

La perfidie, née de la ruse et de l'hypocrisie, est un des vices principaux de leur caractère.

C'est alors que l'indigène médite le plus mauvais coup, qu'il vous fait meilleure figure.

Massacrer des hommes dont il s'est approché en ami, est pour lui de bonne guerre.

Plus oublieux des bons traitements que des mauvais, il donnera la mort à son bienfaiteur aussi froidement qu'à celui dont il aurait eu à se plaindre. — Il faut renoncer à tracer tous les caprices de son caractère et toutes les variations de sa conduite. Serviable et bon aujourd'hui, demain intraitable et cruel ; ce n'est pas toujours par calcul qu'il modifie ainsi ses allures, une disposition passagère et sans raison suffit pour déterminer ces brusques changements. — C'est l'enfant qui ne connaît aucun frein, parce que le sens moral et l'éducation lui font défaut.

Il est fort orgueilleux, orgueilleux comme un ignorant. Soupçonnant à peine l'existence d'autres pays que le sien, il ne voit rien au-dessus, et considère les étrangers comme des échappés de bicoques perdues dans l'immensité de l'Océan, et que la faim chasse hors de chez eux.

« Il paraît que votre pays est bien deshérité, nous dit-il, puisque vous venez nous demander des vivres et des terres ; est-ce que vous n'auriez chez vous ni taros ni ignames? »

Un naturel qu'on avait conduit à Sydney, capitale de l'Australie anglaise, et auquel on demandait ses impressions sur cette grande et belle ville, répondait d'un air dédaigneux : « Il y a beaucoup de cabanes, en vérité, mais point d'herbe! »

Comme il n'a pas l'intelligence et surtout l'instruction assez développées pour apprécier sainement la supériorité de notre industrie, elle lui fait peu d'impression, et il se croit supérieur ou au moins égal à nous, presqu'en toutes choses. Alors que le parallèle devrait lui être le plus défavorable, il se paie très-sérieusement de cette maxime : « Les blancs ont leurs usages et leurs arts, et nous les nôtres. »

L'insouciance est un des traits principaux de sa physionomie morale. Cette insouciance, cette indifférence irréfléchie de l'avenir, cette volonté capricieuse qui sont autant de points communs entre le sauvage et l'enfant, sont chez l'un et l'autre l'effet de l'ignorance et du défaut de raisonnement, comme elles sont la cause de la paresse, de la misère, en un mot, de la plupart des vices et des maux du pauvre Calédonien.

— On trouvera dans le cours de cet écrit la preuve et l'application de ce que je viens de dire.

Une des passions les plus vives et les plus tenaces dans l'âme du Calédonien, c'est celle de la vengeance. Le temps est impuissant à effacer la mémoire du dommage ou de l'injure qu'il a reçue, il en gardera au fond du cœur l'inexorable souci, et toute sa vie il guettera l'occasion de se payer du sang de l'agresseur.

Ce même esprit de vengeance passe des individus à la société, et c'est lui qui entretient la perpétuité des guerres. Telle tribu se met en hostilité avec sa voisine, pour châtier un attentat ou pour effacer la honte d'une défaite, et si elle triomphe, ce sera au tour de la dernière de se venger. — Un chef a-t-il été tué? ce n'est plus une victime seulement qui peut effacer l'opprobre de sa mort, mais le sang du chef ennemi; et les guet-apens, les combats se renouvelleront jusqu'à ce que le but soit atteint. — Le rapt d'une femme appelle une guerre vengeresse entre deux tribus, comme le viol et l'adultère provoquent un assassinat dans le sein de la communauté.

La jalousie est une passion profondément ancrée dans le cœur de l'indigène, parce qu'elle n'est combattue ni par la noblesse du sentiment ni par l'esprit de charité né du christianisme. — Il est non-seulement jaloux de ce qui lui appartient, et par conséquent de sa femme, ce qui est naturel, mais jaloux de ce que possède son voisin, ce qui est moins légitime.

Le Calédonien est paresseux, non par mollesse et défaut de courage, mais par d'autres causes qu'il est facile d'analyser. C'est la fertilité naturelle de son pays qui lui offre spontanément une partie, très-maigre il est vrai, de sa nourriture, la douceur de son climat qui ne l'oblige qu'à peu de soins pour le logement et les vêtements, c'est le petit nombre de ses désirs et de ses besoins. C'est en outre son imprévoyance de l'avenir qui ne lui laisse pour mobile que les besoins et les désirs du moment, c'est enfin la déconsidération du travail.

Par une étrange et absurde erreur, le travail est regardé comme avilissant, aussi jamais un chef ne se permettra de mettre lui-même les mains à l'ouvrage; aussi le travail est-il plus spécialement le partage des femmes, le sexe avili et méprisé, et si les hommes prennent part aux travaux de force, c'est que le temps et la puissance physique ne permettent pas aux premières de se charger de tout.

Cette déconsidération du travail amènera sans doute

un sourire de pitié sur les lèvres du lecteur, mais avant d'être si dédaigneux et si sévère pour des barbares, il ne serait pas mal de jeter un coup d'œil sur notre société française, qui se pique d'une civilisation si avancée. N'avons-nous pas plus d'un petit esprit qui considère comme le suprême honneur de n'avoir aucune profession, et qui serait fort vexé qu'on pût imaginer qu'il vit d'autre chose que de ses rentes? — C'est que notre société n'a pas encore secoué la vieille défroque du moyen-âge dont les plus tristes loques brillent aujourd'hui pour les admirateurs du vieux temps aux rives de l'Océan Pacifique.

Les Calédoniens sont braves, ils nous l'ont montré dans la guerre, et si l'on réfléchit qu'ils ont à lutter avec des haches, des javelines et des frondes, contre des carabines qui tuent à un quart de lieue, tous ceux qui ont pu les voir dans leurs luttes contre nous, conviendront qu'ils ont toujours fait preuve de courage et souvent d'audace. — Ils sont du reste passionnés pour la guerre, et leur principal grief contre l'autorité française et contre les missionnaires, c'est de les empêcher de se battre entr'eux. « Nous ne sommes plus des hommes, disent-ils, nous ne nous battons plus. »

Insensibles et durs pour les maux des autres, ils ne le sont guère moins pour les leurs. Ils supportent avec une patience stoïque leurs maladies, ils ne changent rien à leurs habitudes, et vaquent à leurs occupations jusqu'à la mort. Rarement les voit-on donner des signes de douleur et d'impatience dans les opérations chirurgicales longues et douloureuses. Familiarisés dès leur jeunesse avec l'idée de la mort, par les maladies qui les affligent, par la famine et les épidémies qui les moissonnent, par leurs querelles et leurs guerres fréquentes, ils voient arriver le terme fatal sans sourciller. Exempts de ces terreurs qu'inculquent aux mourants nos doctrines religieuses, trop froids dans leurs affections pour regretter vivement leur famille et leurs amis, ils passent de vie à trépas avec le plus grand calme.

J'allai un jour accompagné d'un missionnaire visiter un jeune malade, et après l'avoir examiné, je déclarai au premier que le malheureux était poitrinaire et que son mal était très-avancé. « Que dit-il ? demanda le malade au missionnaire. » — « Il dit, répondit celui-ci dans un but religieux, dont je n'entends pas discuter l'opportunité, il dit que tu n'iras pas bien loin et par conséquent il faut te préparer à la mort. »

Le pauvre jeune homme ne se croyait peut-être pas aussi malade, car il conservait de l'appétit et des forces, cependant son visage ne trahit pas la moindre émotion. « Ce oui-oui (1) doit avoir raison, » dit-il froidement, et s'adressant à son père : « Il faudra prévenir nos parents et amis pour que je leur fasse mes présents

---

(1) Nom qu'ils donnent aux Français à cause de la fréquence de cette locution dans leur bouche.

d'adieu. » Ces dernières paroles ne seraient pas comprises du lecteur, si je ne lui exposais par anticipation l'usage où sont les gens qui prévoient l'approche de leur dernière heure, de distribuer aux parents et amis leurs armes, leurs étoffes, leurs ornements. Ceux-ci n'attendent pas toujours d'être prévenus par ces témoignages d'amitié. S'ils jugent le malade fatalement perdu, ils se concertent et disent : « Un tel est *en route* (expression de leur langue plus forte que : il est malade), il faut lui faire nos adieux. » Et alors ils lui portent leurs présents en échange desquels ils reçoivent les siens.

La race Calédonienne est loin d'être dépourvue d'intelligence, mais l'ignorance dans laquelle elle croupit depuis des siècles, l'engourdissement d'esprit qui en est la conséquence semblent en arrêter l'essor dans des bornes assez restreintes. C'est ce qui a fait penser, à des hommes judicieux, et connaissant fort bien les naturels, que quoique rapidement susceptibles d'un degré d'éducation élémentaire, ils seraient à jamais incapables de s'élever à cette hauteur de conception et d'intelligence qui distingue les nations éminemment civilisées.

Le temps ratifiera ou infirmera cet arrêt sévère porté par les enfants de Japhet sur les enfants de Cham.— Quoi qu'il en soit, le flambeau de la civilisation brille depuis trop peu de temps sur cette contrée, pour qu'un pareil jugement ne paraisse pas au moins précipité.

Quel que soit le degré d'éducation et de développement intellectuel dont ces gens soient susceptibles, je ne craindrai pas d'avancer qu'ils sont naturellement fins et rusés. Ils conduisent leurs plans avec subtilité et sont passés maîtres dans l'art de la dissimulation.

C'est avec un raffinement d'hypocrisies et d'artifices qu'ils tendent un piége et consomment une trahison. C'est pour ne s'être pas assez méfiés de leur finesse et de leur duplicité que plusieurs de nos compatriotes ont été leurs victimes.

Comme ils se connaissent, ils sont très-méfiants même vis-à-vis des étrangers qu'ils estiment à leur mesure (1). C'est sans doute par une exagération de ce sentiment qu'ils mettent leurs soins à nous cacher leurs idées, leurs opinions et plusieurs de leurs usages. C'est sans doute plus par habitude de dissimulation que par condescendance que l'indigène abondera toujours dans

---

(1) Cette habitude de défiance est tellement passée dans leurs mœurs qu'on la reconnaît jusque dans leurs moindres actes. Ainsi, au rebours des règles de la bienséance européenne, il est de la politesse, chez eux, de passer devant quelqu'un et non de le faire passer devant soi. C'est qu'allant toujours armés, celui qui marche devant a le plus de chance de se faire casser la tête. — On doit aussi non pas rester debout, mais s'asseoir en présence d'un chef, ce qui rend la possibilité de l'attaque évidemment moins prompte.

Au temps où florissait en Europe, surtout en Italie, l'art des empoisonneurs, c'était une règle de politesse de porter la coupe à ses lèvres avant de la présenter à son hôte.

notre sens, quitte pour ne rien changer à ses idées et à ses actes.

La finesse de leur esprit ne s'exerce pas toujours à des applications aussi condamnables; on la retrouve dans tous leurs actes, dans leurs paroles, dans leur conversation bruyante, vive, enjouée, et d'où le bon mot n'est point exclu. Bien différent de ce sauvage que les historiens de l'Amérique nous représentent accroupi des journées entières dans une stupide impassibilité, le Calédonien est très-gai et très-bavard ; il est railleur et rieur ; son esprit est vif et mobile comme son corps, et sa langue plus mobile que toute le reste; c'est un véritable moulin à paroles.

Dormir, manger, parler, sont ses occupations favorites, et jamais il ne se soustrait à toutes trois à la fois. — Il jouit d'une prodigieuse facilité d'élocution, et plus d'un magistrat de nos cités policées, serait en peine de prononcer un discours avec l'aisance et la volubilité que j'ai remarquées dans la bouche des chefs de tribus, faisant leur compliment de bien venue au gouverneur. Dans la discussion des affaires publiques et des questions d'intérêt général, qui sont traitées en conseil par le chef entouré des notables et des vieillards, ce goût dévergondé de la parole nuit à la promptitude des déterminations. Ils font plus de bruit que de besogne, comme on dit vulgairement, et souvent ils discutent encore quand *Philippe est à leurs portes.*

Comme ils sont d'ailleurs très-versatils, ils changent

vingt fois d'idées et de résolutions suivant le sens des orateurs. Cette versatilité, qu'on remarque à chaque instant, est un des traits les plus caractéristiques de la physionomie morale du Calédonien. La patience en toutes choses est une de ses qualités, patience à supporter la maladie et la faim, patience dans ses travaux, patience surtout à attendre un ennemi, à le guetter dans une embuscade.

Il est doué d'une excellente mémoire, et s'il sait peu de chose, du moins le sait-il parfaitement. Pas un arbre, pas une herbe qui n'ait son nom et que chacun ne sache. C'est surtout la mémoire des lieux qu'il possède à un haut degré, et non seulement il connaît son pays aussi bien que le citadin casanier connaît sa chambre, mais sa sagacité à retrouver un sentier, à se diriger d'après tel et tel point de reconnaissance sur terre comme sur mer, est vraiment admirable.— C'est à la piste de l'ennemi, à la recherche d'un être vivant quelconque qu'éclate cette sagacité. Il lui suffit pour en suivre les traces, de signes qui échapperaient à l'Européen le plus attentif. Savoir à l'inspection de l'empreinte d'un pas, de quelques herbes foulées, de quelques branches cassées, combien il y a d'heures ou de jours qu'un être vivant est passé par là ; démêler les traces trompeuses de celles qui doivent le mettre dans la bonne voie n'est qu'un jeu pour lui.

On aurait grand tort de se figurer que le Calédonien soit mécontent de sa condition, quelque misérable qu'elle nous paraisse, et qu'il considère la nôtre avec des yeux d'admiration et d'envie. Loin de là, attaché à son pays, à ses coutumes, à ses préjugés, en somme satisfait de son sort, peu s'en faut qu'il ne se considère comme le roi de la nature humaine. Ces idées retarderont assurément les progrès de sa civilisation, car il ne faut pas se dissimuler qu'un homme si content de son état a peu de tendance à en changer. Mais le frottement de la Société européenne, l'invasion progressive des lumières détruiront sans doute ses idées ridicules au fur et à mesure de l'ignorance qui les entretient.

Nous trouvons la présomption du sauvage, son estime profonde de lui-même et de sa race, souverainement ridicules, et cependant il pourrait dire à notre occasion, comme le lion ! « Si les sauvages savaient peindre ! » Je n'ai jamais vu pour ma part aucun peuple qui ne se crût le premier de l'univers.

Les indigènes des Loyalty sont probablement plus intelligents que ceux de la Nouvelle-Calédonie, devenue leur métropole sous la domination française. C'est l'impression qui m'est restée de mes relations avec eux, surtout en ce qui concerne les insulaires d'Ouvéa. Ils ont aussi le caractère plus ouvert, plus communicatif. Habitants d'une terre ingrate, ils ont eu le talent de se créer des pied-à-terre dans l'Eldorado dont ils convoitent les riches vallées, et cela sans se faire manger, ce qui ne prouve pas peu en faveur de leur subtilité.

Ils ont su depuis fort longtemps gagner l'alliance

et l'amitié des chefs des tribus de la côte, en portant dans leurs couches des femmes aux formes gracieuses et à la belle chevelure, qui deviennent les sultanes favorites des grands seigneurs Calédoniens. Par l'intermédiaire de ces compatriotes, ils savent s'insinuer adroitement près des chefs, qu'ils sont toujours prêts à servir sous condition d'un bénéfice honnête. Par la souplesse de son caractère, le Loyaltien se distingue essentiellement du Néo-Calédonien, et il sait tirer parti de cet avantage dans leurs relations mutuelles.

C'est le Juif du moyen-âge, fin, souple, et intéressé, vis-à-vis du baron arrogant, fier de sa terre, de sa noblesse et de sa personne.

Les insulaires des Loyalty sont plus actifs et plus entreprenants que leurs voisins. La plupart parlent un mauvais anglais, et comprenent parfaitement cette langue. Ils embarquent volontiers sur les navires de commerce et font d'assez bons matelots. Notre marine coloniale trouvera chez eux une pépinière de marins.

Ils sentent mieux leur infériorité vis-à-vis des blancs et recherchent davantage leur société. Aussi respectent-ils davantage les missionnaires des deux cultes établis dans leurs îles.

On aura peine à croire que malgré la teinte de civilisation qui commence à se répandre parmi les individus, leur société soit encore tout-à-fait barbare. C'est ainsi qu'ils vivent en tribus ennemies les unes des autres et que tout récemment encore ils étaient anthropophages dans leurs guerres. C'est grâce aux missionnaires qu'ils ne se mangent plus.

Il est incontestable que les missionnaires protestants et catholiques ont déjà beaucoup fait pour leur civilisation. A Maré, plus de la moitié de la population assiste aux instructions religieuses, et se conforment aux premiers devoirs, je ne dirai pas du chrétien, mais de l'homme. Les deux autres îles où les ouvriers évangéliques ont pénétré depuis moins longtemps, sont un peu en retard, mais les missionnaires français qui s'y sont établis depuis quatre ans, leur ont déjà fait faire de grands progrès vers la civilisation.

VI

INDUSTRIE ET TRAVAUX. — AGRICULTURE. — CONSTRUCTIONS. — PÊCHE.

On s'abuserait étrangement si l'on supposait les sauvages les plus enracinés dans la barbarie, les cannibales, comme parle Robinson Crusoé, ignorants des arts primitifs, privés d'industrie, nichant sur des branches ou sous des berceaux de feuillages, naviguant sur des troncs d'arbres, et dévorant des racines vertes et de la viande crue, comme la femme sauvage de nos barraques de foire.

Les *cannibales* de la Nouvelle-Calédonie, sont beaucoup plus avancés que ceux de l'île de Robinson. Ils ont l'esprit plus inventif, les mains plus habiles, le goût plus raffiné.

Je ne craindrai même pas de dire qu'en agriculture, ils sont plus habiles que les paysans de plusieurs de nos provinces.

Ils établissent leurs plantations de bananiers, de canne à sucre, d'ignames, de taro, de patate douce sur le bord des cours d'eau, dans les vallées ou sur le versant des coteaux et des montagnes.

La hache et le feu leur suffisent pour défricher, une pique de bois pour planter et labourer; et avec ces simples instruments, ils façonnent la terre tout autant que l'exigent leurs cultures et leur climat.

On arrose s'il est besoin, les plantations de la vallée au moyen de saignées faites aux rivières, et l'eau est conduite par une multitude de rigoles à travers les champs.

L'irrigation des cultures placées sur le flanc des montagnes et quelquefois jusqu'au voisinage de leurs sommets, se fait avec non moins d'art et de régularité. Pour cela, on dispose le terrain par plates-bandes successives qui se superposent en gradins. Les filets d'eau qui découlent du sommet de la montagne, sont mis à profit : leurs eaux, reçues dans un système de canaux transversaux et verticaux, descendent de gradin en gradin, en s'épanchant successivement sur chaque plate-bande. Quelquefois le ruisseau est reçu dans un grand réservoir creusé à cet effet, et qui, par le moyen d'écluses, donne la facilité de régulariser l'irrigation.

C'est pour la culture du taro, plante très-avide d'humidité, que les naturels déploient toutes les ressources de leur industrie.

Il existe dans la tribu de Balade, une sorte de monument de cet art ingénieux, et qu'on est étonné de trouver avec une telle perfection chez un peuple sauvage. C'est un aqueduc de 8 à 10 kilomètres de long, conduit sur la croupe des montagnes, avec une habileté qui ferait honneur à un peuple civilisé.

J'ai pu admirer les mêmes travaux aux îles Viti ou Fidjis, distantes de 3 à 400 lieues de la Nouvelle-Calédonie, et habitées par la même race. Rienzi et autres voyageurs qui, à vrai dire, ne l'avaient que peu ou point vue, l'ont beaucoup trop dénigrée. Le premier par exemple, rapproche les Mélanésiens des Orang-Outangs, ce qui est au moins ridicule. — Mais revenons à nos Calédoniens.

Ils n'ignorent point l'art des engrais, mais, complètement dépourvus du fumier animal, ils ne peuvent user que du terreau qu'ils trouvent sur un sol vierge ou depuis longtemps inexploité, et de celui qui existe en couches épaisses sur les berges de plusieurs de leurs rivières. C'est du reste un artifice agricole dont l'usage n'est point général, qui n'est guère usité qu'en des localités avantageusement placées pour l'économie du travail, comme celles qui avoisinent les grandes couches de terreau ou de tourbe, que le cours d'une rivière entretient et met à nu.

Ignorant d'ailleurs l'art des amendements et jusqu'à un certain point celui des assolements, ils sont obligés de laisser une partie de leurs terres en jachères, ce qui les dispense de les fumer.

Le feu est pour eux, non-seulement un moyen de défrichement, mais un moyen de rendre à la terre une partie des éléments qu'elle a perdus soit en les prêtant aux végétaux parasites qui croissent à sa surface, soit en les donnant libéralement aux plantes alimentaires, que consomment les habitants. Ils vont même jusqu'à accumuler des broussailles étrangères pour les brûler sur le champ qu'ils se disposent à cultiver, et les cendres d'une végétation parasite fournissent bientôt des aliments à une génération nouvelle et féconde. C'est ainsi qu'ils font de la chimie agricole, sans s'en douter, comme M. Jourdain faisait de la prose, en rendant a la terre les substances minérales que lui enlèvent les plantes. Le feu exerce aussi sans doute une action favorable sur leurs terrains généralement riches en silicates dont il favorise la dissolution ultérieure (1).

---

(1) C'est un phénomène bien connu des chimistes que beaucoup de

Chaque année, aux approches de l'hivernage, alors que l'herbe des prairies et des coteaux est fanée par le soleil et la sécheresse, d'immenses incendies sont allumés par les indigènes ; la flamme se déroule dans la plaine et gagne de proche en proche jusqu'au sommet des collines comme un déluge de feu. Les herbes, les broussailles inutiles disparaissent dans cet étrange nettoyage, tandis que les arbres et les fortes tiges subsistent pour croître avec une vigueur nouvelle et se parer d'un nouveau feuillage quand les premières pluies de l'hivernage viennnent rendre à la terre sa fraîcheur et son tapis de verdure.

Cook crut remarquer au havre de Balade, seul point de la Nouvelle-Calédonie visité par lui, que les indigènes marnaient leurs terres avec des coquilles. La valeur de cette observation a été contestée et on a dit que ces coquilles n'étaient autres que les débris de repas jetés sans calcul autour des cabanes. Comme l'illustre navigateur, j'ai vu dans la même localité, beaucoup de coquilles éparses, non seulement autour des cabanes, mais dans les champs, et je me demandais pourquoi, si les naturels n'avaient au-

---

silicates à base d'alumine, comme ceux des diverses espèces d'argile qui résistent à l'action des acides, acquièrent une solubilité parfaite, si on les chauffe d'abord à l'incandescence. L'eau et l'acide carbonique de l'air agissent donc plus facilement sur la surface d'un sol argileux, qui a été fortement chauffé, et les sels dissous deviennent absorbables par les plantes.

cune idée de l'heureux effet qu'elles peuvent produire sur leur sol argileux ou sablonneux, ils les répandaient au lieu de les laisser en tas près de leurs habitations. Ceci m'avait donné à réfléchir quand plus tard je vis sur le terroir argilo-ferrugineux des *Touaourous* des champs entiers couverts de coquilles. Pourquoi n'avais-je pu observer le même fait sur des terrains naturellement fertiles, comme les vallées du Pouébo, de Kanala, de Ouagap, etc. ?

C'est que les mêmes besoins ne s'étaient pas fait sentir apparemment. Je crois donc comme le grand Anglais, que l'expérience à défaut de la théorie, a fort bien pu faire connaître aux naturels l'heureux effet des coquilles (carbonate de chaux) sur certains terrains. Les Néo-Calédoniens ont trouvé des choses autrement difficiles que celle-là ! Comme ces gens ne raisonnent guère et font tout par routine, il n'est pas facile de leur faire rendre compte d'une pratique quelconque. « Pourquoi fais-tu cela ? — C'est l'usage, ainsi faisaient nos pères. » Il ne faut pas conclure d'une pareille réponse que telle coutume n'a pas sa raison d'être.

Après l'agriculture, la pêche est la plus grande occupation des riverains. Elle se fait au moyen de filets, d'hameçons, de lances bifurquées ou simples et quelquefois d'arcs. Ces deux derniers instruments exigent une grande dextérité, puisqu'il s'agit de transpercer le poisson. La pêche dans les rivières se fait aussi au moyen de plantes qui ont la propriété d'engourdir le pois-

10.

son. Pour cela, on fait un barrage à un cours d'eau peu considérable, et l'on jette en amont des branchages de cerbera-manghas qui contiennent, ainsi que je l'ai dit, un suc toxique, ou bien une liane du genre *desmodium*. Le poisson ne tarde pas à flotter engourdi et se laisse prendre à la main. Il y a encore un autre genre de pêche plus original, c'est celui des anguilles, poisson rebelle aux engins : Les indigènes, particulièrement les femmes et les enfants, se mettent dans l'eau jusqu'au cou, surveillent le passage de la proie, et plongeant brusquement la tête, lui brisent la colonne vertébrale d'un coup de dent en la saisissant des deux mains. Bien entendu que les dents n'interviennent que comme auxiliaires et pour empêcher la proie de s'échapper.

Les femmes ont la spécialité de la pêche sur le rivage et sur les récifs, à marée basse. On les voit alors remplir leurs paniers de coquilles de tous genres, de crabes, d'holothuries ou tripangs. Les tripangs sont bien rarement consommés par les indigènes, ils sont vendus à des aventuriers européens qui en font un commerce très-lucratif avec la Chine, où l'on en prépare des mets gélatineux fort prisés des gourmets du céleste Empire.

La pêche se fait souvent en embarcation, elle est alors la spécialité des hommes qui se lancent en pirogues dans l'étendue de ces bassins naturels, circonscrits par les récifs de coraux.

C'est ici le lieu de parler des constructions nautiques des indigènes et de leurs connaissances en navigation.

Les Néo-Calédoniens ne sont pas navigateurs comme les naturels de l'archipel de Tonga et des *Samoa* ; ils ne tentent pas comme eux des voyages de plusieurs centaines de lieues, mais ils sont loin d'être étrangers à l'art de la mer, quoique ne s'écartant jamais de leurs côtes. Leurs pirogues d'ailleurs ne sont pas susceptibles de braver les hasards d'un long voyage.

Les plus petites ne consistent qu'en un tronc d'arbre creusé et effilé à ses deux extrémités, de quatre à sept mètres de longueur, et muni d'un *balancier* qui maintient l'équilibre de la fragile nacelle. Ce balancier est formé de deux perches liées par une de leurs extrémités à l'un des bordages, et unies par l'autre extrémité à un flotteur longitudinal. C'est donc une espèce de châssis qui flotte sur l'eau à côté du canot.

Les plus grandes sont doubles, c'est-à-dire que deux nacelles sont accouplées et maintenues, par des traverses à une distance de 50 centimètres à 1 mètre. On se sert pour les construire des plus gros arbres.

Voici, pour ceux qui aiment les mesures exactes, les dimensions de la plus grande pirogue double que j'ai vue.

Longueur 14 mètres 50 c.
Largeur   3
Hauteur   1   10

Chacune des deux coques composant l'édifice nautique était faite de deux troncs d'arbres ajustés bout-à-bout, d'une largeur et d'une profondeur égale : 0^m,75 pour l'une d'elle et 0^m, 80 pour l'autre.

On voit qu'il faut de fort beaux arbres pour construire des embarcations de ce genre. Une plate-forme jetée en travers sur les deux coques les lie plus solidement en même temps qu'elle sert de pont. On surmonte quelquefois ce pont d'une sorte de baldaquin où l'équipage peut se mettre à l'abri. — Il est des pirogues qui sont pontées d'un bout à l'autre, en sorte qu'elles constituent des caisses insubmersibles, sur lesquelles on peut s'aventurer en pleine mer. Toutes vont à la rame ou à la voile et sont munies d'un ou de deux mâts pourvus d'une voile triangulaire en natte de jonc. Elles acquièrent à la voile la même vitesse que nos petits navires, mais elles louvoient beaucoup plus difficilement.

Naguère les indigènes n'avaient pour la construction de leurs esquifs, que des haches et des herminettes de pierre, et c'est avec ces instruments en apparence si insuffisants, qu'ils abattaient de gros arbres, les taillaient, les creusaient, et sculptaient à la proue quelque poisson fantastique. Mais aujourd'hui ils sont munis de haches de fer.

Pas un clou n'est employé pour l'union des différentes pièces, des coutures y suppléent. Ces ligatures se font en cordes tressées avec la fibre ligneuse de la noix du cocotier, qui sert aussi pour tous les cordages. La même fibre ou celle du *dolichos tuberosus* sert à la confection d'admirables filets de pêche. L'écorce flexible, et molle du *melaleucca* sert d'étoupe, et la résine du pin colonnaire, d'un *dammara*, d'un *gardenia* remplace le brai et le gaudron pour le calfatage.

Voyons si les Néo-Calédoniens sont plus avancés dans les constructions terrestres que dans les constructions navales.

Leurs cabanes, qu'on a justement comparées pour la forme à des ruches d'abeilles, ont une muraille circulaire, haute d'un mètre à un mètre et demi surmontée d'un toit conique dans le sommet repose sur un poteau central. Des pieux plantés en cercle, et unis par un treillis de branches, avec une tapisserie extérieure d'écorce de melaleucca constituent la muraille. Une sorte de longue paille provenant d'une graminée partout répandue dans la campagne, et de grosses branches reliées d'une part au poteau central, de l'autre à ceux de la circonférence, servent à former le toit.

Une ouverture de 0^m, 60 à 0^m, 80 de hauteur sur 0^m, 40 à 0^m, 50 de largeur sert à la fois de porte, de fenêtre et de cheminée.

Un crâne humain couronnant l'extrémité du poteau qui fait saillie au sommet du toit, est un ornement qui remplace avec avantage aux yeux de l'importante propriétaire, les conques marines ou les statuettes grotesques qui tiennent plus communément la même place.

Les cases sont généralement petites, c'est-à-dire qu'elles ont 3 à 4 mètres de diamètre et à peu près la même hauteur, mais il en est qui ont des dimensions triples et quadruples et dont le toit représente un gigantesque pain de sucre haut de plus de dix mètres.

Les demeures des chefs se distinguent par leurs dimensions plus grandes (1), par des planches grossièrement sculptées et enluminées représentant des figures humaines grimaçantes ou des êtres fantastiques. Ces objets d'art sont placés de champ devant la porte sur une double rangée qui forme avenue, ou servent de piliers dans l'édifice.

Une banderole blanche flottante au sommet du toit, est une enseigne que les chefs seuls ont le droit de déployer. Ceux de plus noble et de plus antique lignée couronnent la hampe de cette espèce de drapeau, d'une effigie d'oiseau, et tel est le respect porté à cet emblème glorieux, et aux droits héréditaires de ceux qui le possèdent, que ceux-là mêmes qui ont assez de force et d'audace pour usurper le pouvoir suprême, n'osent s'approprier cet ornement distinctif. Aussi le voit-on en possession de monarques détrônés, de roitelets qui ne commandent qu'à une poignée de sujets, tandis que des souverains puissants ne l'ont pas. Ceci montre jusqu'à quel point les idées de hiérarchie sociale et aristocratique sont vivaces dans l'esprit de ces sauvages,

---

(1) Il en est qui ont un grenier supérieur, une sorte de 1ᵉʳ étage sans fenêtres, auquel on monte par une échelle comme dans nos campagnes.

mais le moment n'est pas encore venu d'en parler.

Je crains bien que le lecteur n'ait pas bonne opinion des architectes calédoniens. Convenons cependant que les plus grandes habitations, pour si imparfaites qu'elles soient, n'en font pas moins honneur à des sauvages, qui ont su ériger des poteaux énormes, et disposer des traverses très-lourdes sans le secours d'aucune machine.

L'obscurité et le défaut d'aération de ces demeures n'en est pas le moindre inconvénient ; encore a-t-on soin de placer un rideau à la porte microscopique qui semble plutôt en défendre qu'en offrir l'accès.

Cette sobriété excessive d'ouverture aératoire est indiquée par la nécessité de se préserver des moustiques qui pullulent durant l'hivernage, au point de remplir l'atmosphère dès que le soleil est couché. Si exiguë que soit la porte des cabanes, elle offrirait encore un abord beaucoup trop facile à ces hôtes incommodes, si les habitants n'avaient le soin d'entretenir du feu, et par conséquent de la fumée qui, s'échappant par la seule ouverture dont soit percée la cabane, leur en interdit l'accès.

Il est vrai que la fumée n'est pas seulement incommode aux insectes, mais les Calédoniens la préfèrent aux moustiques : c'est leur goût !

L'ameublement des habitations consiste en quelques nattes ou en feuilles sèches, qui servent à la fois de parquet et de lit, plus, d'un ou deux gros pots de terre qui composent la batterie de cuisine. Quant à la vaisselle, elle pend aux branches des arbres et l'on se passe le luxe d'un nouveau couvert pour chaque repas.

J'ai fait connaître les plantes cultivées par les indigènes sans parler du tabac. Ils ne se donnent guère, en effet, la peine de le cultiver, bien qu'il croisse parfaitement dans leur pays ; à peine en sèment-ils quelques pieds, dont ils tirent parti quand le tabac en figues que leur vendent les traitants fait défaut. Leur manière de le préparer est très-simple. Ils lient solidement les feuilles en paquet, les expriment et les dessèchent. Les gens d'Hienguène se sont créés un petit commerce avec les tribus voisines non visitées par les fournisseurs de la côte. Pour ce faire, ils ont multiplié leurs plants de tabac et donnent un peu plus de soin à la préparation de la drogue, qu'ils livrent en grosses carottes ficelées et serrées. Les Néo-Calédoniens sont passionnés pour le tabac, qu'ils fument dans de petites pipes de terre que leur vendent les traitants.

La mauvaise qualité de cette drogue et l'abus qu'ils en font, doit nécessairement exercer un fâcheux effet sur leur santé. Je n'ignore pas toutes les controverses qu'a soulevées la question de l'inocuité du tabac, et je n' i pas la prétention de vider le débat ; mais la vérité fût-elle qu'un tabac bien préparé et de combustion facile comme le nôtre, fût parfaitement inoffensif, il n'en saurait être de même du tabac de traite dit *en figues* que fument les indigènes. Le trouble incessant du jeu de la respiration ne peut pas être sans mauvais effet chez des gens à poitrine irritable, prédisposés à la phthisie, et soumis d'ailleurs à toutes sortes de conditions débilitantes. Eh bien, c'est un tabac dur comme la corne, et qui n'a subi qu'une préparation chimique incomplète, que fument hommes, femmes et enfants dans des pipes longues comme le doigt, du matin au soir, tant qu'ils en ont à leur disposition (1) !

---

(1) Leur tabac renferme plus de nicotine que le nôtre, parce qu'il n'a subi presqu'aucune fermentation et que celle-ci, qu'on provoque et qu'on dirige avec soin dans nos manufactures, a pour effet de dégager la plus grande partie de la nicotine.

En outre les indigènes semblent prendre à tâche d'ajouter à la défectuosité de leur drogue en la mouillant. Chacun sait que le tabac humide incommode plus fortement et plus promptement que le tabac sec.

Chacun sait encore que la fin d'une pipe est capable d'incommoder un individu qui aurait pu fumer impunément deux ou trois premières moitiés, parce que la nicotine, entraînée par le courant d'aspiration, s'est condensée en partie dans les couches inférieures. Eh bien ! les naturels ne jettent jamais le *culot*, ils bourrent par dessus.

En se servant d'une pipe très-longue, comme le tchibouk par exemple, on absorbe moins de nicotine, puisqu'il s'en condense d'autant plus dans le tuyau qu'elle a plus de chemin à parcourir. Les naturels, au contraire, font presque abstraction du tuyau.

Plus un tabac est menu, plus il est sec, moins il faut d'efforts pour le fumer ; les indigènes ont un tabac dur comme le bois, qu'ils coupent ou écrasent grossièrement et qu'ils mouillent par comble de sottise ou plutôt par raffinement d'économie, car il brûle plus difficilement et, partant, plus lentement.

VII

ARTS INDUSTRIELS ET BEAUX-ARTS. — ÉTOFFES. — ARMES. — POTERIES. — SCULPTURE ET PEINTURE. — INSTRUMENTS DE MUSIQUE.

Les indigènes font des étoffes grossières avec l'écorce d'un arbrisseau de la famille des urticées, qu'ils applatissent, à coups de maillet, en feuilles minces. Cette ébauche imparfaite d'étoffe est percée à jour, parce qu'on ne prend pas la peine de coller des feuilles l'une contre l'autre, comme le font les Polynésiens. — C'est cette étoffe blanche qu'on offre aux étrangers en signe de bien-venue, comme les sauvages américains présentent le calumet de la paix.

Ils font, avec l'écorce du *ficus prolixa*, une autre étoffe beaucoup plus solide, une sorte de feutre qui sert dans le nord de l'île à confectionner les chapeaux dont il a été question.

Avec du jonc effilé, on fait des nattes dont quelques-unes sont très-fines, et des manteaux qui ne sont que des nattes d'une certaine forme, additionnées d'une multitude de filaments, jouant le rôle de fourrure.

Avec le jonc encore, mais plus souvent avec la fibre du bananier, les femmes se font des ceintures composées de longues franges qui, superposées par un grand nombre de tours sur les hanches, arrivent à bien remplir le rôle auquel on les destine, celui de rideau.

Les étoffes et les ceintures de femmes sont teintes en violet noir, au moyen du suc d'une plante herbacée du genre *coleus*. On sait par quel procédé.

Cette teinture ne résisterait pas au lavage, parce qu'elle n'est pas *fixée*. Mais il en est une autre qui fait plus d'honneur à l'industrie des indigènes, parce qu'elle réunit toutes les conditions de fixité et de durée des produits de nos fabriques. C'est celle avec laquelle ils colorent en rouge-marron leurs cordons de poil de roussette. On sait comment ils s'y prennent (1).

Les cordons auxquels cette teinture est appliquée sont très-habilement tressés avec le poil de roussette et sont fort recherchés pour jarretières de luxe, garnitures d'armes, colliers, etc. C'est un des ornements principaux de la fashion.

Les Néo-Calédoniens sont passionnés pour les couleurs et leur amour du rouge va jusqu'à la faiblesse. La nature les a servis à souhait, en répandant cette teinte à profusion sur leurs montagnes, et en plaçant sous

---

(1) Livre Ier, chap. 4.

leur main, l'ocre rouge, qui leur sert à composer leur peinture favorite. C'est avec elle qu'ils enluminent les poteaux de leurs cabanes, leurs sculptures grossières et leurs statuettes grotesques. La couleur noire, employée avec avantage pour faire ressortir la première et pour se barbouiller la face et la poitrine aux jours de fête et de combat, s'obtient en carbonisant la noix huileuse du *cocotier* ou de l'*aburites triloba*.

Il est extraordinaire que l'indigène ne songe pas à tirer parti, pour l'éclairage, de l'huile contenue dans les fruits qui viennent d'être cités, non plus que des graines du ricin, non plus que des résines que lui fournissent en abondance bon nombre d'arbres répandus sur son sol. Il n'éclaire ses habitations que par un feu de bois qui les enfume.

Il n'ignore pourtant pas la manière d'extraire l'huile de la noix du cocotier, car il en tire parti pour ses peintures et, dans certaines localités, il en fabrique une assez grande quantité pour en faire commerce avec les traitants.

Le bois et les pierres sont les éléments de la fabrication des armes, car le traitement métallurgique du minerai de fer dont le pays abonde, est tout-à-fait inconnu des naturels. Leurs armes sont la sagaïe, le casse-tête, la fronde et surtout la hache.

La sagaïe est une petite lance en forme de fuseau très-allongé et très-aigu aux deux extrémités; elle est faite en bois dur.

Les indigènes la projettent avec dextérité à une distance de 40 à 50 pas, au moyen d'une petite lanière fixée à l'index, et qui fait un tour sur la lance à son centre de gravité. Quand elle atteint un individu, elle se brise d'ordinaire au ras de la plaie, et la blessure se trouve malheureusement compliquée d'un corps étranger. Cette arme, non plus qu'aucune autre, n'est jamais empoisonnée.

Le casse-tête est une massue de forme très-variée, longue d'un mètre environ, et faite d'un bois très-dur. Cette arme est ordinairement plus ou moins sculptée. Elle a été presqu'abandonnée pour la hache européenne, qui est devenue une arme terrible entre les mains des naturels. — Ils manient très-habilement la fronde, et atteignent des buts fort éloignés, grâce à la forme donnée aux projectiles. — Ce sont des pierres dures qu'ils usent par le frottement jusqu'à ce qu'ils leur aient donné une forme ovoïde aiguë. Deux balles de carabine-Minié, réunies base à base, donnent une idée assez exacte de ces projectiles, tant pour la forme que pour la dimension. Ainsi le principe des balles cylindro-côniques mis en application récemment chez les Européens, a trouvé la sienne depuis un temps immémorial chez un peuple « *qu'ils ont nommé sauvage.* »

La hache de pierre et l'herminette de différentes dimensions, également en pierre, ne sont plus aujourd'hui que des objets d'échange avec les amateurs de curiosités. Elles sont fabriquées avec de la serpentine dure, qu'on use contre le grès pour lui donner une surface égale et un bord tranchant. On lui donne le dernier poli et un éclat fort beau avec de la ponce pulvérisée.

C'est la même pierre qui est mise en œuvre pour la confection des grains à collier.

Cette joaillerie calédonienne a cédé le pas aux grains de verre coloré, que distribuent les voyageurs et les traitants.

La serpentine la plus fine servait à confectionner des casse-tête de luxe, aujourd'hui fort rares.

Ce sont des espèces de haches orbiculaires à bord tranchant sur toute la circonférence, portées par un manche de bois long de 40 à 50 centimètres, en sorte que cette arme a la forme et les dimensions d'un ostensoir. Le manche est orné de cordons de poils de roussette qui sont les chaînes d'or calédoniennes.

Un casse-tête de ce genre, bien poli, et d'un bel éclat, est plutôt un meuble de luxe qu'une arme, on ne le trouve qu'entre les mains des grands seigneurs.

Les indigènes font des bracelets, qui se portent non pas au poignet, mais au-dessus du coude, avec des coquilles du genre cône.

Le coquillage est cassé et usé par le frottement jusqu'au niveau de la première spire qui seule est employée. On en use la surface de manière à lui donner l'égalité, le poli et la pureté de l'ivoire ou de la nacre.—Il est rare de trouver des *cônes* propres à faire un bracelet d'enfant, et c'est presqu'un hasard d'en rencontrer d'assez volumineux pour faire un bracelet à un adulte. Aussi un meuble de ce genre, d'une blancheur sans tache, bien poli et d'une seule pièce, est-il un joyau d'une valeur inappréciable.

Les Néo-Calédoniens ne battent pas monnaie, mais en fabriquent nonobstant. Ce sont de petits grains grisâtres enfilés en chapelet, et faits avec la dernière spire d'une très-petite coquille, coupée et perforée par un prodige d'adresse et de patience.

Avec un chapelet long comme le doigt, on achète une pirogue, ou l'on fait construire deux ou trois cabanes de dimensions ordinaires.

Les naturels conservent cette monnaie enveloppée dans un morceau d'étoffe, avec un luxe de précaution, comme nous conservons nos bijoux dans un écrin. Ce n'est pas la rareté de la coquille qui lui donne sa valeur, mais le temps et l'adresse qu'a nécessités sa fabrication.

Les indigènes font pour la cuisine une poterie grossière en argile ocreuse ; ce sont des vases sphéroïdaux et à large goulot. Il en est d'assez élégants et vernissés.

Les indigènes ne sont pas indifférents aux beaux-arts, mais il faut avouer qu'ils méritent plus d'éloges pour leur bonne volonté que pour leurs succès. J'ai dit quel parti ils tiraient de la peinture. La sculpture est leur passion, mais les statuettes de bois qu'ils façonnent, les bas-reliefs qu'ils exécutent pour l'ornementation de leurs cabanes, dénotent plus d'originalité que de génie et d'habileté.

L'imperfection de l'outillage peut seule excuser la grossièreté de l'exécution.

Le plus singulier et le plus complet échantillon de leur savoir-faire, en ce genre, qui me soit tombé sous les yeux, dans mes nombreuses investigations, est le monument funèbre, érigé il y a quatre ans, à l'héritier présomptif de la tribu des Ouagap.

Cinquante poteaux, reliés entr'eux par une palissade, étaient rangés en spirale autour de la hutte qui recélait les restes du prince, dont la Parque fatale avait tranché les hautes destinées, à un âge encore tendre.

Une figure humaine était sculptée sur la partie supérieure de chacun de ces poteaux, et chacune de ces figures trahissait l'originalité de l'artiste.

Celle-ci présentait, au-dessus d'une bouche de dimension mignonne, un nez tel que l'imagination seule peut en créer; celle-là, régulière dans ses traits, était flanquée d'oreilles que Midas n'eût pas désavouées; telle autre développant un râtelier d'une éclatante blancheur, portait l'expression de ce rire sardonique que les légendes ont dévolu à Satan.

Il était facile de voir que ces discordances n'étaient pas dues à une aberration du ciseau de l'artiste, mais à un jeu de son esprit malin.

La couleur appelée en aide à la sculpture, avait su faire ressortir avec habileté, sur le fond noir de la peau, le rosé des muqueuses et l'éclat vif de l'œil.

Chacune de ces figures était surmontée d'un globe de lianes entrelacées, grossière imitation d'une colossale perruque.

Le seul instrument de musique de fabrication indigène est la flûte. Elle se fait avec un roseau gros comme le doigt, d'un mètre de long, courbé en arc, et percé d'un trou à chaque extrémité, l'un dans lequel on souffle, l'autre qui sert à moduler les sons. Les indigènes en jouent avec une égale facilité par la bouche ou par le nez, en se bouchant l'une des narines avec le pouce; mais par l'un ou par l'autre procédé, ils n'arrivent qu'à en tirer des airs monotones.

La guimbarde, d'origine européenne est aujourd'hui dans toutes les mains féminines qui la manient avec complaisance et habileté. Nous verrons plus tard si les Calédoniens excellent davantage dans la musique vocale.

L'industrie des naturels des Loyalty n'est guère plus avancée que celle des Calédoniens. Ils construisent leurs pirogues de la même façon, et le plus souvent avec le bois qu'ils leur achètent, seulement ils en font de plus grandes et de plus solides, parce qu'ils naviguent davantage et se lancent plus fréquemment en pleine mer.

Leurs outils, leurs armes, leurs engins de pêche sont les mêmes (1).

Ils cultivent les mêmes plantes et je crois qu'il serait difficile de tirer meilleur parti qu'ils ne font des rochers, sur lesquels la Providence les a jetés.

Comme ils savent ménager davantage l'étranger qui leur procure des profits et des jouissances, ils profitent davantage de ses enseignements et font plus de progrès. Ainsi, bien qu'ils construisent leurs cabanes sur le même modèle et avec des matériaux à peu près identiques, on voit à Ouvéa un monument unique en son genre, et dont ils ont dû puiser l'idée dans leur commerce avec les Européens et dans les voyages qu'ils font en Australie sur les navires anglais. C'est un édifice en forme de carré long, pourvu de larges ouvertures, et dont les murailles en clayonnage sont crépies à la chaux. Il est long d'une quarantaine de mètres sur 10 à 12 de largeur. La toiture de chaume à plan incliné est soutenue par d'énormes traverses, reposant sur des poteaux médians et latéraux qui n'ont pas moins de 0^m 75 à 1 mètre de diamètre et 6 à 7 mètres de hauteur. Leur érection faite sans machine et par le seul moyen de câbles en fibres de cocotier de fabrication indigène, est un prodige d'adresse et de vigueur.

Quant à la destination de ce bâtiment, c'est une sorte

---

(1) Plus fréquemment en rapport avec les marins anglais, ils sont mieux munis de fusils.

d'hôtel de ville, une maison municipale, où le Chef et les notables viennent traiter des affaires de la commune. En dehors de cette destination, il est ouvert jour et nuit aux voyageurs, aux enfants prodigues et même aux époux nuitamment attardés.

VIII

SCIENCES. — DIVISION DU TEMPS. — CALCUL. — MÉDECINE.

On vient de voir dans quelles limites est resté confiné le génie industriel du Néo-Calédonien, limites bien étroites si on les compare à celles dans lesquelles se développent nos arts et notre industrie, mais que bien d'autres peuplades cependant n'ont pas su atteindre. De même on le trouvera bien arriéré dans les sciences pratiques, communes à tous les peuples civilisés. Pourtant si l'on réfléchit à la barbarie dans laquelle il croupit, on s'étonnera que ce sauvage ait su constituer une année de 12 mois, qu'il compte par lunaisons, divisées chacune en 4 semaines, suivant les quatre phases de la lune. Il paraîtrait même que l'année solaire ne lui serait pas complétement inconnue, ce qui n'est pas aussi extraordinaire que certaines personnes l'ont cru. Il suffit en effet qu'un sauvage quelque peu observateur ait un beau jour considéré le soleil se levant au sommet de la montagne voisine, qu'il ait remarqué, un ou deux mois après, que l'astre ne se levait plus exactement au même point, et qu'après s'en être de plus en plus écarté, puis rapproché, il venait une fois encore se lever sur le même sommet. Il suffit, dis-je, de cette observation, pour que l'idée lui soit venue de faire de cet intervalle une division du temps, et l'année solaire était créée. Restaient ces subdivisions dont les lunaisons forment le moyen le plus simple et le plus facile. Ces subdivisions, faites d'après les phases de la lune, ne rempliraient pas tout à fait sans doute le cours de l'année solaire, mais ces braves gens n'en sont pas à quelques jours près. Il n'est donc pas nécessaire que les Calédoniens aient eu pour premiers instituteurs quelque peuple de l'Orient, et arguer de leurs connaissances astronomiques à leur origine asiatique, est plus qu'aventureux.

Les indigènes ne sont pas aussi habiles dans le calcul qu'on pourrait le supposer, après le petit tour de force que je viens de dire. Il est des tribus comme celle de Balade qui se servent d'une ébauche de système décimal et qui comptent ainsi :

1, 2, 3, 4, 5, 6, 7, 8, 9, 10 qui s'expriment par « *les mains.* » On recommence et on dit « *un homme* » c'est-à-dire les doigts des pieds et des mains, et on continue suivant le même procédé. Ils pourraient ainsi compter indéfiniment, mais ils ne tardent pas de s'embrouiller, car s'ils oublient le chiffre ou numéro de la dernière vingtaine, tout est perdu et il faut recommencer. C'est ainsi qu'il est très-rare d'en trouver d'assez habiles pour compter jusqu'à 100. Ils s'aident en plantant de petits bâtons dans le sable, ou en faisant des coches sur un morceau de bois pour marquer les dizaines ou les vingtaines. Le sauvage inapte aux idées abstraites a besoin de toucher du doigt pour compter, encore cela lui est-il difficile pour peu que le calcul se complique. Ainsi nous avions une quarantaine d'indigènes passagers sur notre navire dans un petit voyage, et comme ces gens avaient embarqué un approvisionnement d'ignames, de taros, de bananes pour se nourrir en commun, les savants de la troupe avaient à calculer pour chaque repas combien il fallait prendre de bananes, par exemple, pour que chacun en eut trois. Ils faisaient consciencieusement leur calcul d'abord, puis allaient chercher la quantité reconnue nécessaire. La distribution se faisait avec non moins de lenteur que le calcul préalable, et cependant jamais ils n'arrivaient juste.

Je le répète, l'impuissance des sauvages à former des idées abstraites est le plus grand obstacle au calcul. Pour exprimer un nombre considérable et au-dessus de la portée de leur faculté, ils disent : « *arion* » ou un autre mot suivant les langues, ce qui signifie « *il n'y a plus de grains de sable* » sous entendu « pour compter. » Ces nombres considérables sont 200 ou 300.

Toutes les tribus ne sont pas aussi habiles ou n'ont pas un système aussi bon que celui que je viens de faire connaître. Par exemple, à Hienguène ils comptent par cinq et s'embrouillent encore plus tôt.

1, 2, 3, 4, 5 qui s'expriment par « *une main.* » On recommence et on dit « les mains » on compte encore 1, 2, 3, 4, 5 et on met un pied en avant de l'autre. Arrivé à 20, on dit : «*un homme.* » Ainsi ces derniers indigènes n'ont de mots que pour exprimer les 4 premières unités, tandis que les autres expriment par des mots différents les 9 premières.

Affligés qu'ils sont d'un assez grand nombre de maladies, les Néo-Calédoniens ont dû songer aux moyens de s'en débarrasser, mais ils ne sont arrivés qu'à un très-mince résultat. Ce n'est pas qu'il manque chez eux, comme partout, de gens qui fassent profession de guérir, mais les guérisons ne sont pas en raison directe du nombre des médecins.

Leur thérapeutique s'alimente trop souvent de superstition : ainsi, le même brin d'herbe cueilli à certaines phases de la lune, ou sous telle position du soleil dans le ciel, jouit de propriétés très-différentes et passe pour un remède assuré contre des maladies très-diverses. La posologie homœopathique qui a attendu jusqu'au xixe siècle pour germer dans une cervelle allemande est mise en usage par les Calédoniens depuis un temps immémorial. Exemple de formule : « Prenez tel brin d'herbe, faites-le bouillir dans une pleine marmite de bonne eau (*aqua fontis*, diraient nos pharmaciens) mettez une ou deux gouttes de la décoction dans un pot d'eau claire, à boire dans la journée. » A vrai dire les homœopathes Calédoniens, moins avancés que les disciples d'Hahnemann, ne poussent pas jusqu'à la 30° *dilution*, ils se contentent d'une seule.

La diète n'est point épargnée, mais c'est une diète fort originale, car il faut que le médecin (du moins le dit-il) se soumette lui-même à celle qu'il a ordonnée au malade. Cette diète consiste à s'abstenir de certains aliments; ou... comment dirons-nous cela? des témoignages actifs d'amour conjugal. Il est bien entendu que la vertu de la médication est conditionnelle à la fidélité du médecin dans l'observation personnelle de la diète prescrite. Diables de Calédoniens!

Comme dans toutes les hordes barbares, l'art de guérir est entouré de superstitions et rentre pour cela même dans le domaine des sorciers. Tous les sorciers ne sont pas médecins, mais tous les médecins sont sorciers... plus ou moins.

Les conjurations, les tours de passe-passe, sont surtout mis en œuvre dans les cas désespérés.

Voici un fait entre mille, qui pourra donner une idée des artifices usités en pareil cas. Il se passe au lit de mort du grand chef de l'île des Pins, Vandégon. Ledit monarque est à l'extrémité ; les Esculapes ont dit leur dernier mot. Reste une vieille femme, renommée pour son commerce avec les esprits, et pour l'étendue de sa science magique. On la consulte. Elle commence par déclarer, que la nuit est le temps favorable aux évocations, et qu'il faut l'attendre. A nuit close, elle se présente au palais, éclairé à giorno par le foyer qui, selon l'usage, brûle au milieu de l'appartement. Après évocations des êtres invisibles, elle déclare qu'il faut arracher du ventre du patient, des corps étrangers qui y ont été introduits par des esprits malins.

On ne manque pas de se souvenir alors, qu'à telle ou telle époque de sa vie, le malade s'est exposé à la vengeance de tel ou tel sorcier qui lui a évidemment jeté un sort, et déjà les assistants s'extasient sur la sagacité de la vieille Canidia.

Vidi egomet nigrâ succinctam vadere pallâ Canidiam.

Mais cette Canidia n'avait pour robe qu'une petite ceinture serrée autour de ses flancs, et du reste point de poche, ce qui rendait un escamotage plus difficile. N'importe, elle va procéder à l'extraction du corps étranger, sans bistouri, ni couteau.

Eh quoi ! faire sortir une pierre du ventre sans y faire de trou ? c'est la moindre des choses. Promenant donc la main sur l'abdomen pour trouver l'endroit affecté, et le maléfice qui y a élu domicile, elle expulse tout-à-coup, par une forte pression, deux pierres grosses comme un œuf d'oie que des Européens témoins de l'opération, ramassent immédiatement, examinent avec soin, et reconnaissent pour bonnes et véritables. Ils n'en pouvaient croire leurs yeux, me dirent les respectables témoins dont je tiens le fait.

Je le crois sans peine, ils étaient obscurcis par la fumée, et sans doute qu'au lieu de voir double, ils ne voyaient que moitié de ce qui se passait. Les sceptiques sont capables de supposer que la vieille, quoique nue, avait su adroitement dissimuler *quelque part* les deux pierres que, par un manuel opératoire digne de Robert Houdin, elle parut extraire du ventre du malade. Telle n'était pas pourtant l'opinion des assistants qui pensaient que : — le diable a des roueries à nulle autre pareilles.

Les courtisans de croire que si le malade n'était pas immédiatement soulagé, il le serait bientôt, et la vieille de s'éliminer modestement, après récompense honnête, pour aller se cacher le plus loin et le mieux possible. Si par hasard le chef finit par guérir, elle sortira triomphalement pour jouir de nouvelles ovations et de nouveaux présents; s'il succombe, elle aura le soin de laisser passer l'effervescence du moment qui lui coûterait la tête, ni plus ni moins. Plus tard elle pourra trouver la vie sauve, moyennant assurance que son procédé était fort bon à coup sûr, mais que l'esprit malin qui en voulait à la vie du chef de douloureuse mémoire, a recommencé son jeu fatal après l'opération (1).

---

(1) Le pauvre Vandégon mourut et la vieille l'échappa belle.

Cependant, il faut être juste : la médecine des Néo-Calédoniens, n'est pas toujours aussi absurde. Le lecteur a pu voir dans la première partie de cet ouvrage, que parmi les plantes dont elle se sert il en est qui jouissent d'une véritable efficacité et dont nous tirons nous-mêmes parti. Reste à savoir si l'application en est toujours logique, ce qui est plus que douteux. Toutefois, j'ai suivi attentivement le traitement d'une dyssenterie légère, dont la guérison m'a paru réellement due à l'administration de l'écorce de racine de palétuvier, ce qui n'étonnera pas ceux qui savent que cette écorce est riche en tannin, et qu'elle a été administrée avec succès, dans certains cas, par les médecins français de Cayenne.

La banane verte, que les indigènes emploient dans la même maladie, jouit de propriétés semblables quoique moins actives. Ce fruit contient effectivement avant sa maturité une certaine quantité d'acide tannique. Le malade la mange cuite sous la cendre. Quant à la racine de palétuvier, on la mange grillée, ou bien on en boit la décoction.

La tisane qu'ils font avec les feuilles de schœnanthe, et qu'ils prennent dans toutes espèces de flux intestinaux, est très-convenable. Dans les cas simples elle peut suffire à amener la guérison.

En résumé, ils traitent assez logiquement les maladies simples, mais les affections graves contre lesquelles ils se sentent tout d'abord impuissants, ou contre lesquelles leurs faibles ressources ont échoué, deviennent le domaine des sorciers.

Un peu plus entendus en chirurgie qu'en médecine, ils savent guérir les luxations et les fractures simples. Ils font usage pour les dernières d'attelles et de bandages comme il convient.

Ils retirent les fragments de lance restés dans les plaies, au moyen d'incisions faites avec une valve de coquille, dont on aiguise les bords, un fragment de quartz, un tesson de bouteille, ou avec un couteau quand ils en ont. Ils incisent profondément les tumeurs inguinales dès le début, et recouvrent la plaie de cataplasmes faits avec des feuilles émollientes, comme celles de l'hibiscus tiliaccus.

Ils agissent à peu près de même, pour tous les engorgements ganglionnaires tendant à la suppuration. Aux Loyalty (du moins à l'île Chabrol l'une d'elles), où les scrofules sont peut-être plus communes qu'ailleurs, les insulaires pratiquent l'extirpation des ganglions dégénérés.

La saignée locale est en grande faveur partout. Ainsi, on entoure de scarifications les plaies faites par les coups de lance et de pierre, etc. — On fait des scarifications aux tempes contre les céphalalgies violentes.

J'ai vu un morceau de quartz destiné à cet usage, qui avait la finesse et le fil d'une lancette.

On use à l'égard des femmes d'un procédé d'obstétrique qui ne serait pas goûté de nos dames; ce sont des pressions plus ou moins violentes, et quelquefois même de petits coups de poing sur le ventre, pour provoquer l'accouchement qui se montre laborieux. Heureusement qu'il est généralement facile, et qu'on ne se croit point alors obligé de recourir aux moyens de rigueur pour accélérer l'opération de la nature. — Les femmes accouchent accroupies et soutenues par des matrones.

Le lecteur verra plus tard que des mères dénaturées, surtout les filles qu'un commerce illicite a mis dans une position plus embarrassante qu'intéressante, n'attendent pas toujours le terme fixé par la nature. Je ne puis salir mon récit de tous les procédés d'avortement mis en usage ; le seul que je puisse faire connaître sans inconvénient, est le *procédé de la banane*. Il consiste à avaler cuites et bouillantes des bananes vertes. Comme, dans chaque tribu, il n'y a que quelques matrones en possession de cette belle recette, ou du moins qui sachent la rendre efficace, je soupçonne fort la banane de ne servir que de manteau à quelque substance vraiment abortive dont les matrones ont le secret. Toujours est-il que ce procédé ne réussit que trop souvent, puisqu'on dit d'une femme qui a avorté : « Encore une qui a mangé la banane ! »

Il a été dit précédemment que la vertu des remèdes était conditionnelle à l'observance de certaines pratiques superstitieuses. Elle n'est pas moins conditionnelle au taux des honoraires du médecin. Le prix de la médication se traite d'avance ; il y a marchandises de première et de dernière qualité, et quand on veut avoir du bon, il faut payer en conséquence.

Mais quels que soient le remède et le résultat, le malade peut mourir en paix, et le médecin lui survivre en toute sécurité.

Celui-ci en est quitte pour déclarer qu'un mauvais génie s'était emparé du malade, qu'on lui avait jeté un sort, etc., etc.

IX

LA GUERRE. — LA MARINE.

Le lecteur ne s'attend pas sans doute à trouver dans la tactique militaire des sauvages, les manœuvres savantes qui font tant d'honneur chez nous à l'art de la guerre. Des gens qui ne mettent jamais plus de 500 à 600 hommes en campagne, et ordinairement beaucoup moins, n'ont pas besoin d'un art si consommé. Ils savent cependant concerter et combiner une attaque, se mettre sur la défensive dans certaines positions raisonnées, occuper un point stratégique et le défendre avec ténacité, tourner la position de l'ennemi, faire une fausse attaque pour prendre à revers. Nous avons pu remarquer tout cela dans les luttes que les sauvages ont engagées ou soutenues contre eux. Je me contenterai de citer comme preuve, à l'appui de ce que j'avance, l'agression de *Touindo*, chef de la tribu de *Nouméa* contre *la Conception* défendue par un détachement d'infanterie de marine et par ses propres guerriers, la première expédition contre les Touaourous, enfin les dernières affaires d'Hienguène.

L'astuce est au fond de la tactique militaire comme dans tous les actes, toutes les entreprises des Calédoniens. Aussi procèdent-ils autant que possible par surprise, voire même par trahison. Inviter des voisins à une grande fête nationale pour les égorger après les réjouissances, alors qu'ils ne sont ni sur leurs gardes ni en mesure de se défendre sérieusement, est un piège ignoble qu'ils décorent du nom de ruse de guerre. Assaillir à l'improviste des gens isolés et sans défense, est ce qu'ils appellent un coup de main.

Cependant la partie ne leur est pas ordinairement aussi facile; il faut se mettre en campagne et payer sérieusement de leur personne. Alors la guerre se prépare de longue main. Le chef de la tribu qui s'y dispose cherche des alliés, il sonde le terrain autour de lui, s'enquiert des dispositions de ses voisins, expédie de tous côtés des émissaires, cherche à réveiller une vieille haine ou à en allumer une nouvelle. C'est là sa diplomatie et il ne la néglige que s'il se propose d'attaquer un ennemi beaucoup plus faible.

Quand il a fait jouer ses batteries couvertes, et qu'elles lui paraissent avoir produit bon effet, il commence à dessiner plus franchement ses allures et envoie aux chefs de tribu qu'il suppose disposés à embrasser sa querelle, une tresse d'herbe dont l'acceptation équivaut à la signature d'un traité d'alliance.

Si la tribu qu'on doit attaquer est médiocrement forte, et qu'il y ait chance d'un butin abondant, les alliés sont faciles à trouver.

Les confédérés se concertent et bientôt la guerre est entreprise au jour désigné par les Jongleurs. Il n'est besoin de forcer personne à prendre les armes, car tout sujet en état de manier la lance et le casse-tête n'a garde de faillir au premier point d'honneur de l'homme, et de manquer l'occasion de satisfaire une passion innée chez tous les Calédoniens.

Les guerriers, après s'être barbouillés de noir (1), après avoir coiffé la toque rouge ornée d'une aigrette de plumes blanches, et suspendu au poignet gauche la banderolle flottante, se mettent en campagne armés d'un faisceau de lances, d'une fronde et d'un casse-tête ou d'une hache. Une giberne bien garnie de pierres ovoïdes est passée en sautoir sous le bras gauche. Ceux

---

(1) Il ne faut pas oublier que les Calédoniens ne sont pas tout-à-fait noirs. Ils se barbouillent le visage et la poitrine seulement.

qui ont des fusils en bon état s'en arment; les munitions sont placées dans un mouchoir et les capsules derrière l'oreille.

S'il y a espoir d'un butin abondant, une troupe de femmes et d'enfants se met à la suite des guerriers pour aider au pillage.

Comme la distance à franchir n'est jamais considérable (10 à 12 lieues au plus), on ne s'inquiète pas de la nourriture, on vit sur le pays parcouru en attendant qu'on se régale aux frais des ennemis et même des amis.

Il s'agit enfin d'attaquer; ordinairement on tâche de surprendre l'ennemi, et pour cela on tombe de grand matin sur un village, dont on massacre les habitants fuyant en désarroi leurs cases en flammes, ou bien on attaque les gens occupés aux travaux des champs, puis on court à leur village. Il n'y a de quartier ni pour l'âge ni pour le sexe; les enfants deviendraient des guerriers et les femmes en mettraient d'autres au monde. — On brûle les cabanes, on coupe les cocotiers, on ravage les plantations, et l'on se retire chargé de tout ce qui peut être emporté, y compris la chair humaine.

Mais si l'arrivée de la colonne d'invasion a été connue à temps des intéressés et qu'ils se sentent capables d'y résister, ils cherchent à l'arrêter à temps. Pour cela les guerriers vont s'embusquer dans le pli d'un ravin ou dans le lit d'un ruisseau, sur la route que paraît devoir suivre l'agresseur, et lui tombent sus au passage en poussant un épouvantable cri de guerre (1).

Il est rare que deux partis ennemis s'attaquent de front et à force ouverte, parce que la tactique de la guerre réside dans les surprises et dans les embuscades. Mais il arrive, soit par une circonstance fortuite, soit par l'effet de la confiance de chacun en ses propres forces, que deux partis se défient en plein champ et livrent une sorte de bataille rangée. C'est alors qu'on voit les guerriers des deux camps se défier réciproquement du geste et de la parole, à la façon des héros d'Homère. Chacun choisit son adversaire et le menace en brandissant ses armes. On échange des lances et des pierres, et chaque fois que le projectile a été aperçu à temps, il est presqu'à coup sûr évité par des prodiges de sauts et de courbettes. Longtemps les adversaires avancent et reculent tour-à-tour ; mais enfin si le combat est acharné, la mêlée s'engage à coups de hache et de casse-tête. C'est alors que l'affaire devient sanglante malgré la dextérité de chacun dans la parade, la souplesse et l'agilité déployées pour éviter les coups. Un guerrier tombe-t-il mort ou blessé, ses partisans s'empressent de l'entraîner pour qu'il ne reste pas aux mains de l'ennemi. C'est le commencement de la débandade, et elle devient complète pour la troisième ou quatrième victime qu'un parti est obligé d'enlever et de défendre dans la fuite.

---

(1) C'est ainsi que nous avons été reçus dans la première expédition contre les Touaourous.

De ce que les combattants lâchent pied pour un si petit nombre de victimes, il ne faudrait pas en conclure à leur lâcheté, parce que le soin d'arracher les morts et blessés aux mains de l'ennemi, en est la cause principale et tient à un point d'honneur différent du nôtre. On connaît la suite inévitable du combat ; pillage, incendie, destruction. Le tout est couronné d'un horrible festin dont les membres palpitants des cadavres ennemis composent la substance. Ce qui n'est pas mangé sur le champ, est partagé entre les vainqueurs qui emportent dans leur famille la quote-part qui leur revient.

Le chef qui s'est fait la part du lion, expédie quelquefois un exécrable présent à des amis incertains, qui n'ont pas voulu se mêler de la guerre. C'est pour se créer de nouveaux auxiliaires contre la vengeance qu'il redoute ; car tout individu qui accepte un lambeau de chair, embrasse, par le fait même, la querelle du donateur.

On sait que les ossements servent à composer les hideux trophées qui signalent à tous les yeux la demeure des guerriers.

Ces trophées sont naturellement un opprobre pour la tribu qui a laissé sur le champ de bataille les éléments de leur composition. De là, des efforts ultérieurs pour les arracher et des coups de main d'une audace inouïe de la part d'individus isolés, appartenant à la famille de la victime.

Les chefs ne s'exposent jamais dans les combats, et au lieu de se montrer à la tête de leurs soldats, comme le font les nôtres, ils se tiennent prudemment au dernier rang. C'est qu'ils estiment leur vie trop précieuse pour l'exposer à la légère, et que leurs fanatiques sujets sont tout à fait de cette opinion ; ou plutôt, c'est que leur point d'honneur n'est pas le même que dans les nations policées. La mort d'un chef est une honte pour ses guerriers, et s'il venait à être pris et mangé, l'opprobre serait au comble. Il s'agit donc par-dessus tout, d'éviter les chances d'une pareille flétrissure.

Les Calédoniens envisagent le courage et l'honneur militaire à un tout autre point de vue que nous.

Engager un combat à chances égales avec un ennemi sur ses gardes, est une faute dans leur système stratégique. C'est que l'honneur dépend pour eux exclusivement du succès, et une témérité qui coûte la vie, est une sottise, et qui pis est, une honte.

Nos soldats montreront avec orgueil une cicatrice *glorieuse*, les Calédoniens la cacheraient plutôt, car elle témoigne évidemment de leur maladresse à esquiver les coups. « *Mort au champ d'honneur,* » est dans nos rangs une magnifique oraison funèbre, chez eux, ce serait plutôt une tache à la mémoire de l'individu.

J'ai essayé de donner une idée de la tactique militaire des Calédoniens, telle qu'ils la mettent en pratique entr'eux ; mais ils sont obligés, dans leurs luttes contre nous, à de singulières compositions de système. Réduits à ne se montrer à découvert que hors de portée de carabines, ils harcèlent les colonnes obligées de traverser leurs fourrés, ou de s'enfoncer dans les accidents de leurs montagnes. Une pierre, un arbre, leur est un bouclier contre nos balles.

Mais s'il nous est difficile de les atteindre, il leur est plus difficile encore de nous faire du mal, et leur rage doit s'épuiser en cris impuissants. La nuit est le temps favorable à leurs attaques : s'approcher du bivouac en rampant, et tirer un coup de feu presqu'à bout portant, est un coup de main que tentent les plus hardis. Mais le jour comme la nuit, leur audace est souvent admirable eu égard à l'infériorité de leur armement. Leur vieille habileté à esquiver les coups de fronde, dont les projectiles sont très-rapides, leur fait souvent braver impunément nos balles elles-mêmes. Ils saisissent avec une sagacité presque inexplicable le moment où le coup va partir, se jettent à terre, ou bien se dérobent derrière un arbre, un rocher avec la rapidité d'une flèche, et se remontrent après avoir entendu siffler la balle pour faire le grossier geste de défi commun à tous les peuples de la terre. (Les érudits prétendent que c'était celui d'Ajax.) Je les ai vus sous le feu du canon de notre navire, faire des sauts de chevreuil, à 10 pas de côté, pour laiser passer le boulet, et se remontrer à la même place !

En résumé, les Néo-Calédoniens sont d'une grande bravoure, et malgré l'infériorité de leur armement, car ils n'ont presque pas de fusils en bon état, ils savent nous opposer une résistance courageuse et quelquefois intelligente. Si ces gens-là étaient pourvus d'armes à feu, et surtout de bonnes, ils seraient de redoutables adversaires, car ils apprennent promptement le maniement du fusil, et font d'adroits tireurs.

C'est une conviction qu'il nous a été facile d'acquérir en chassant avec eux, et j'ai eu une occasion meilleure encore d'apprécier leur adresse. Dans un petit voyage que je fis sur la côte d'Ouvéa, dans une pirogue du pays, il fallut passer dans les eaux d'une tribu ennemie de mes compagnons. Ceux-ci, au nombre d'une douzaine, sous le commandement de leur chef, avaient eu le soin de se munir chacun d'un fusil double. En outre, pour me donner sans doute une haute idée de leur puissance, ils avaient embarqué tout leur arsenal de guerre, c'est-à-dire un tromblon, des mousquets qui n'étaient bons qu'à faire peur, et un ample approvisionnement de poudre, de capsules, de balles et de petits lingots de cuivre. En passant devant la tribu ennemie, nous eûmes une alerte, causée par une grande pirogue qui mettait à la voile et semblait se diriger de notre côté. En un clin d'œil, les armes furent préparées, on enleva les chiffons qui enveloppaient la batterie de chaque fusil pour la préserver de l'humidité, et on chargea consciencieusement.

Ces belliqueux préparatifs furent heureusement en pure perte, pour des raisons qu'il est inutile d'expliquer, mais mes amis les sauvages, jaloux de me donner à moi *Oui-Oui*, un petit échantillon de leur savoir-faire, imaginèrent de tirer à la cible, sous voile. Ils jetèrent des cocos à la mer, et déchargèrent successivement leurs armes sur ces fruits gros comme un petit boulet. Sur une vingtaine de coups tirés à une distance de cent à deux cents mètres, la moitié au moins atteignit le but, pendant que la pirogue marchait et oscillait sur les vagues. Tous les Calédoniens ne sont pas, à vrai dire, aussi bons tireurs, ni aussi bien pourvus de fusils, ni même peut-être aussi braves. Ces mêmes indigènes, dont j'étais momentanément le compagnon, avaient donné deux années auparavant, une cruelle leçon à ceux de la tribu voisine. Attaqués par une centaine de fusils, ils essuyèrent le premier feu en s'abritant tant bien que mal derrière des rochers, et sans donner aux adversaires le temps de recharger leurs armes, ils fondirent sur eux à coups de haches et de casse-tête. Quarante cadavres restèrent entre leurs mains. C'est la plus sanglante affaire qui ait jamais eu lieu dans tout l'archipel Calédonien.

Elle s'explique par l'imprudence des assaillants qui, trop confiants dans leurs fusils, avaient négligé de s'armer de haches et de casse-tête.

Moins avancés dans l'art des constructions navales et de la navigation, que les insulaires de plusieurs archipels de l'Océanie, les Néo-Calédoniens n'ont jamais tenté de voyages de long cours (1). Ils se livrent surtout à la pêche. Leurs grandes pirogues servent parfois à les transporter dans les îles satellites de la Nouvelle-Calédonie, mais ce sont plutôt les habitants de ces îles qui viennent sur la grande terre. Ils font alors des traversées de vingt lieues au plus.

Les communications entre les Loyalty et la côte orientale de Calédonie sont fréquentes, et les nautonniers perdent la terre de vue, ce qui peut devenir embarrassant, surtout quand le vent est contraire. Ils savent alors s'orienter sans boussole, ce qui n'est pas très-difficile, eu égard à la direction bien connue et à la proximité du point qu'ils veulent atteindre. J'ai vu une pirogue partir de Lifou, à la nuit tombante, et le lendemain à quatre heures du soir, nous la trouvâmes à Hienguène en Calédonie. Elle avait marché presque aussi vite que notre bâtiment à vapeur, qui n'était pas, je dois l'avouer, *un fin navire*. Il y avait eu pendant la nuit grande pluie, rafales et grosse mer, la pirogue avait tout bravé avec un équipage fort de trois sauvages. Ils manœuvrent très-adroitement leurs pirogues, et en tirent tout le parti qu'autorise leur imparfaite construction.

Leur manœuvre dans le louvoyage est tellement différente de la nôtre, que je ne puis m'abstenir d'en

---

(1) Les insulaires de Tonga-Tabou ont des pirogues doubles de 30 mètres de long avec lesquelles ils vont aux îles Fidjis et aux Nouvelles-Hébrides, à trois cents lieues de chez eux. *Illi robur et œs triplex* etc.

parler. Quand ils jugent qu'ils ont assez longtemps marché sur un bord au plus près, ils amènent la voile et font éviter la pirogue de façon à ce que le balancier se trouve encore au vent, comme il doit toujours l'être, mais sur l'autre bord. Alors ils changent le mât et la voile de l'avant à l'arrière, en transposant les points d'attache de la voile. Dans cette manœuvre, l'arrière est devenu l'avant. Ils hissent alors la voile pour la nouvelle direction, et leur barque reprend sa marche en effleurant plutôt qu'en sillonnant les flots.

Mais pourquoi le flotteur doit-il toujours être au vent? c'est pour contre-balancer le poids du vent sur la voile qui tend à faire chavirer le fragile esquif.

Le flotteur constitue un contre-poids d'autant plus puissant qu'il agit à l'extrémité de deux longs bras de levier, représentés par les perches transversales qui le soutiennent, et il oppose d'autant moins de résistance à la course de la barque, que l'effort du vent sur la voile tend à la soulever au-dessus de la surface de l'eau. Il effleure alors le sommet des vagues, et le léger esquif ne trouve aucun obstacle à vaincre de ce côté. Dans les pirogues accouplées, il y en a toujours une plus petite que l'autre, et c'est celle qui joue le rôle de flotteur.

Les insulaires des Loyalty sont les meilleurs marins de l'archipel. Echoués en quelque sorte sur des rochers de corail, leur bien-être est au prix de leur zèle et de leur talent dans la navigation. Ce sont les Anglais du microcosme Calédonien. — Les indigènes des Bélep et des Nénênàs, en sont ou en étaient naguère les forbans. D'humeur également vagabonde, ces insulaires passent la plus grande partie de leur vie sur mer, courant d'îlot en îlot, et cherchant dans la pêche un précieux supplément aux mesquines ressources que leur fournissent leurs étroits vallons. Il n'était pas rare, avant l'occupation française, que ces Normands d'un nouveau monde et d'un âge nouveau, s'abattissent sur la contrée dont ils voient poindre les montagnes à leur horizon, et dont ils convoitent les riches produits.

Profitant d'un vent favorable, ils fondaient pendant l'obscurité de la nuit sur les villages du nord de la Nouvelle-Calédonie, et faisaient razzia complète sans oublier la chair humaine.

De même que leur invasion était redoutée à l'égard d'un fléau, parce que leur courage égalait leur férocité et leur insatiable avidité, de même leur alliance était considérée comme un avant-coureur de la victoire. Aussi était-elle très-recherchée par les chefs de la grande-terre, et le parti qui les voyait dans les rangs ennemis, tremblait d'avance pour sa défaite.

X

LITTÉRATURE. — ART ORATOIRE.

Les Néo-Calédoniens ne sont pas dépourvus de bon sens ni d'imagination. Sans doute leur littérature n'est ni riche ni bien variée ; les contes de revenants, les récits de combats merveilleux, les histoires de guerriers fameux ou invulnérables en font trop souvent les frais ; à peu près comme chez nous, au moyen-âge, les faits et gestes des chevaliers de la table Ronde, des nécromans, des fées, défrayaient les veillées du château et charmaient les naïves croyances de nos pères.

Mais ce qui fait plus d'honneur à la littérature des indigènes, c'est l'apologue et l'allégorie qui lui sont familières ; et l'on est étonné de trouver, dans quelques productions de ces esprits incultes, comme un parfum de la littérature orientale.

Les deux modèles que je vais donner, ne méritent la préférence, que parce que, créés à l'occasion des Français, ils sont plus susceptibles par cela même de piquer la curiosité du lecteur.

Disons, tout d'abord, que le chef de la tribu de Balade, dépossédé par les Français de son titre et de son autorité, en châtiment de divers méfaits, errait dans les tribus voisines, où une sympathie de race et des intérêts communs lui avaient créé de nombreux partisans. Un de ceux-ci imagina le conte allégorique qu'on va lire. « Il y avait une fois un chef qui tendit ses filets dans un arbre de la forêt pour y prendre des roussettes, car il avait faim de chair. Quand il revint voir si la proie était prise au piège, il y trouva une masse blanche de forme humaine dont il eut peur, car il vit bien que c'était un génie. « — Délivre-moi, » demanda celui-ci d'une voix doucereuse.

» — J'ai peur, dit le chef.

» — Délivre-moi, je ne te ferai pas de mal et te donnerai au contraire des présents.

» Le chef monta dans l'arbre, mais à peine eut-il dégagé le génie blanc, que celui-ci lui sauta à la gorge, se cramponna à son dos et lui cria :

» — Descends de l'arbre et conduits-moi à ta cabane.

» — Oui, mais lâche prise et faisons route côte à côte.

» Le génie refusa, et le chef se rendit à sa case en portant son fardeau. Arrivés à la cabane où la mère attendait son fils : — Que m'amènes-tu ? lui dit cette vieille femme effarée.

» — C'est sans doute un génie étranger, je ne sais ni

qui il est, ni d'où il vient, ni ce qu'il veut. Je l'ai trouvé pris à mon piége, je l'en ai dégagé et il s'est collé à mon dos comme tu le vois ; en vain ai-je secoué le corps en avant, en arrière, à droite et à gauche, impossible de m'en débarrasser.

» — Trève de paroles, et qu'on me donne des vivres, cria l'étranger d'une voix tonnante.

« Puis il se mit à manger les ignames, les taros, les bananes, le poisson qu'on lui servit, sans permettre qu'on y prît part, et en mangeant il souilla de sa salive la tête du grand chef (1). — Laisse-moi maintenant, dit celui-ci à son persécuteur, quand il fut repu ; voilà des perles, des bracelets, prends-les et retourne au lieu d'où tu es venu. » Vaine prière, le chef dut garder son fardeau, et à nuit close il alla se coucher, portant toujours sa lourde charge. Cependant le tyran s'endormit et le chef put alors s'en débarrasser. Vite il prit ses plus belles armes, son plus riche bracelet, sa toque rouge et son aigrette, et il courut à Bondé demander asile à son allié. — Frère, est-ce toi que je vois? lui dit celui-ci.

» — Oui, c'est moi qui erre sans asile !!..... J'ai tendu un piége aux roussettes et j'y ai trouvé pris un être inconnu, je l'ai délivré et il s'est jeté sur mes épaules. En vain ai-je essayé de m'en débarrasser en secouant mon corps en avant, en arrière et sur

---

(1) Le plus sanglant affront qu'on puisse faire à un chef.

les côtés, vains efforts! Il a dévoré mes vivres, m'a insulté et m'a empêché de manger. Je lui ai offert des richesses pour l'engager à s'éloigner et il a refusé. Enfin j'ai pu profiter de son sommeil pour m'en débarrasser et fuir.

» Je t'en prie cache-moi.

» — Prends place à mon foyer, lui répond le vaillant chef de Bondé, et ne crains rien. Nous savons manier le casse-tête et éventrer un ennemi, nous attendrons cet étranger de pied ferme.

» A peine ces mots étaient-ils achevés qu'un épouvantable ouragan se déclare, un énorme nuage couvre l'horizon, il a sa tête au sommet des montagnes, et son pied dans la plaine, il avance porté sur l'aile des vents, et bientôt on reconnaît le génie blanc, car c'était lui. Le chef de Bondé prie son hôte de se retirer, et celui-ci se réfugie à Hienguène.

« — Frère est-ce toi que je vois? » dit le chef de Hienguène.

« — Oui, c'est moi qui erre sans asile etc...

« Mais bientôt l'ouragan se précipite furieux sur Hienguène, et le fugitif se sauve à Pouaï.

« Même accueil, même déception. Il se réfugie à Ouagap, même évènement, à Kanala, même persécution. Enfin il arrive à l'extrémité de l'île, aux confins de la terre, là où il n'y a plus d'autre refuge que la mer. Et déjà il voyait arriver le terrible persécuteur quand il aperçut, sur le rivage deux petits enfants.

« — Qui êtes-vous ? leur dit-il.

« — Et toi qui es-tu ? » — Je suis un grand chef. J'ai tendu un piége aux roussettes et j'y ai trouvé pris un être inconnu, je l'ai dégagé, » etc. etc.

« — Suis-nous, lui répondent les enfants, nous te conduirons dans une belle case au fond de la mer.

» Ils percent la vague et le chef les suit, au moment où l'ouragan fondait sur le rivage. Le noble fugitif guidé par les jolis enfants, arrive à une magnifique cabane au fond de la mer, et il y trouve des ignames, des taros, des bananes, des cannes à sucre, de la chair et du poisson, avec six jeunes filles pour le servir. Cependant le génie blanc n'avait pu le poursuivre, car il ne savait nager, mais il monta sur un rocher et appela les oiseaux. Toi, dit-il à l'hirondelle, prends ce *moiran* (signe et ordre de raillement), porte-le à tous les oiseaux de l'île pour qu'ils viennent ici. Et bientôt tous les oiseaux arrivent, et le génie ordonna de boire l'eau de la mer. Le canard boit, boit, boit, boit. Il ordonne au héron de boire, et le héron boit, boit, boit, et ainsi de tous les oiseaux.

» Et les écueils voisins du rivage se montrent d'abord à découvert, puis, la mer se retirant toujours, la cabane où le chef était réfugié se découvre à son tour, et alors le génie blanc s'y précipite ; mais quand il passe la tête à la porte, le plus petit des deux jeunes enfants la lui tranche d'un coup de hache. »

Telle est la traduction bien abrégée mais fidèle du conte qui s'est débité dans toutes les tribus du Nord pour exciter la haine du peuple contre les persécuteurs étrangers d'un grand seigneur indigène.

Certes ce conte n'est pas exempt de défauts et je ne prétends pas le donner comme un modèle de littérature, ni même comme un modèle du genre. J'en ai retranché bien des répétitions et des longueurs et j'en aurais supprimé davantage encore si je n'avais voulu lui laisser son cachet d'origine.

Au moins trouvera-t-on, je l'espère, l'allégorie ingénieuse, et peut-être sera-t-on d'avis que les répétitions elles-mêmes ne sont pas mal imaginées pour faire sentir la lourdeur du fardeau auquel le malheureux chef essaie longtemps de se soustraire, la persistance des persécutions, l'ingratitude et la malice du tyran qui trouva enfin la mort de la main de qui? D'un guerrier? Non, d'un enfant (1).

Que le lecteur se représente toute la population d'un village groupée le soir autour d'un vieillard qui débite sentencieusement sa glose en appuyant sur les points capitaux. Un frémissement d'indignation l'interrompt alors, puis l'auditoire se calme pour écouter avec plus d'avidité ce qui va suivre, jusqu'à ce que le dénouement vienne porter au cœur de tous, l'ivresse de la joie, l'orgueil du succès et la foi dans l'avenir.

---

(1) Le dénouement de l'existence dramatique de Bouéone n'a pas été celui que rêvaient ses partisans. Le misérable ayant fait incendier l'église de Pouébo, a été pris et fusillé.

Que le lecteur imagine encore la même fable débitée entre deux temps d'une danse de guerre devant des gens armés de pied en cap et surexcités comme ils le sont toujours en pareil cas. Chaque nouvelle injure faite au héros indigène leur arrache des cris d'indignation et de fureur ; leur visage s'allume, leurs bras s'agitent de mouvements convulsifs, et, n'y pouvant plus tenir, ils se lèvent en brandissant leurs armes. Le dénouement soulève un hurrah frénétique: « *Léleï! Léleï!* » en même temps qu'il détermine à la guerre des gens heureux d'accepter un pareil augure. On comprendra après cela que le conte puisse avoir, chez les Calédoniens, la puissance de l'ode guerrière chez nous et quel parti les meneurs peuvent en tirer.

Voici un autre conte qui donnera la mesure du savoir-faire des Calédoniens dans l'apologue.

Sachons d'abord que le principal personnage est un chef ami des Français, qui depuis longtemps a accueilli des missionnaires dont les bons conseils et les enseignements l'ont puissamment servi dans ses entreprises.

Ses voisins et rivaux moins heureux que lui, et étonnés de sa prospérité, en conçurent une grande jalousie exaspérée dans ces derniers temps en haine de la coopération franche et loyale qu'il nous prête.

« Il y avait un chef bien chétif et bien pauvre qui, songeant à donner la fête des ignames à ses voisins, alla dans la forêt couper du bois pour leur préparer des cabanes. Ayant abattu un gros arbre, il se morfondait pour savoir comment il l'amènerait de la montagne à son village. Tout à coup lui apparurent deux fées (1) qui lui dirent :

« — Ne t'inquiète de rien, tes cases seront construites la nuit prochaine et ce seront les plus belles que tu aies jamais vues.

» Ce qu'elles avaient promis fut fait et quand les voisins vinrent à la fête, ils furent stupéfaits à la vue des plus belles cabanes de toutes les tribus environnantes.

« — Ce petit chef nous fait rougir, se dirent-ils, le tuerons-nous ?

» Mais il était difficile de le tuer, parce qu'il était sur ses gardes et entouré de son peuple. Ils se dirent alors :

» — Nous allons lui rendre sa fête et nous conviendrons que chaque chef y apportera ses richesses pour en faire l'exhibition devant l'assemblée, et nous l'éclipserons car nous en aurons plus que lui, et nous l'humilierons à son tour.

» Ils firent donc l'invitation au jeune chef, sans oublier la condition dont ils étaient convenus.

« — Comment ferai-je pour me montrer aussi grand qu'eux ? se disait ce dernier à lui-même ; ils ont beaucoup de richesses et j'en ai fort peu. Il se démenait vainement pour s'en procurer, quand il rencontra de

---

(1) J'emprunte ici l'expression ordinaire de nos contes ; il eût été plus littéral de traduire par deux *esprits*. Ce sont les génies des forêts dont il sera parlé à propos de la théogonie des indigènes.

nouveau les deux fées, la veille du jour de la fête, et celles-ci lui dirent : « — Sois tranquille, tu porteras à la fête une richesse qu'ils n'auront pas; suis-nous. »

» Ils partirent ensemble, marchèrent toute la nuit, et le matin ils se trouvaient bien loin, bien loin, là où le soleil sort de la mer. Les fées s'étaient munies d'une boîte, et au fur et à mesure que le soleil sortait de l'eau, elles le recevaient dans cette boîte, et quand il y fut complétement entré, elles la fermèrent brusquement et le soleil s'y trouva enfermé. Le jeune chef se hâta d'arriver à la fête avec son merveilleux trésor. Il y trouva réuni tant de monde, qu'il n'y avait pas assez de grains de sable pour les compter. Les vivres étaient en si grande abondance que les ventres ne pouvaient venir à bout de les engloutir. Après un grand *pilou-pilou* (danse de fête), chacun fit l'exhibition de ses richesses comme il était convenu. Le chef de la fête ouvrit son coffre et en tira des *indiets* à poignée (1). Il ouvrit son coffre et en tira des *bombots* qui pouvaient aller au bras de l'homme le plus fort (2), il ouvrit son coffre et en tira le plus beau *bouanandou* qu'on eut jamais vu (3) un autre montra à son tour ses richesses, puis un troisième. Arrive le tour du jeune homme qui n'osait

---

(1) Les *indiets*, sont les petits grains grisâtres enfilés en chapelet, qui servent de monnaie.

(2) Le *bombot* est un bracelet en coquille d'une seule pièce, aussi rare que précieux.

(3) Le *bouanandou* est un casse-tête de luxe en forme d'ostensoir, fait avec la plus belle variété de serpentine.

découvrir son trésor. Les assistants se raillent de sa crainte et l'imputent à la honte de son infériorité. « —Voyons, disent-ils, ces richesses, » et ils s'emparent du coffre qui les contenait. Mais tandis qu'ils l'ouvraient et qu'ils tombaient frappés de mort, le petit chef dans la crainte d'être brûlé se jetait dans le ruisseau voisin. Il en sortit frais et rose alors que le soleil était déjà rendu dans le ciel.

» Et considérant ceux qui gisaient à ses pieds, il se dit : —« Cette eau m'a préservé, peut-être les rappellerait-elle à la vie. Et il les en arrosa, et ils reprirent leurs sens. — Ce jeune homme nous a dépassés, dirent-ils, il faut le tuer.

» Ils apostèrent deux enfants armés de haches dans la case où il devait passer la nuit, et quand il entra pour se coucher, *les petits* lui coupèrent la tête. »

Ce dénoûment provoque toujours les cris de joie de l'auditoire qui, saisissant très-bien l'apologue, comprend que les fées protectrices sont les deux missionnaires, dont la présence dans la tribu de Pouébo a si puissamment servi le nouveau Clovis, qui n'est ni moins intelligent, ni plus barbare que le chef de notre monarchie. Ce dénoûment donne aussi la mesure de la reconnaissance dont les Calédoniens sont capables.

Tout en laissant à ce conte sa couleur originale, je l'ai prodigieusement abrégé, en supprimant les répétitions, qui seraient fastidieuses pour le lecteur, mais qui sont fort bien accueillies des Calédoniens, heureux de pouvoir tuer le temps. Le sauvage n'a pas plus de règle pour l'heure du sommeil que pour le reste. Il se couche quand il s'endort, sans souci de l'heure. Et quand, au milieu de la nuit, il est pris d'insomnie, il ne se croit nullement obligé de rester couché, sous prétexte que le soleil n'est pas encore à l'horizon. Il se lève donc, allume sa pipe au tison qui brûle perpétuellement au milieu de la chambre, s'approche d'un voisin éveillé comme lui, et le plus disert des deux charme l'ennui de la veillée par un conte d'autant plus opportun qu'il est plus soporifique. Il y aurait bien à dire encore sur les productions littéraires des indigènes en fait de fictions, de moralité (ce mot est un peu fort, mais il n'y en a pas d'autre). Pour ne point abuser de la patience du lecteur, je préfère y revenir quand il sera question du chant; je n'ose pas dire des chansons. Terminons par un petit échantillon d'art oratoire, qui donnera à la fois une idée de l'intelligence des Néo-Calédoniens et du bon sens de leurs orateurs. C'est, je dois le dire, un morceau de choix, car leurs orateurs sont ordinairement plus bavards que sensés. Après la soumission forcée du chef de la tribu de *Nouméa*, sur le territoire duquel a été fondé l'établissement de Port-de-France, un village de la même tribu continuait sourdement ses menées hostiles contre nous. Pour les réprimer, nous prîmes comme auxiliaire et comme guide le chef soumis, et nous marchâmes de concert contre ses propres sujets. Toute la population avait fui à notre approche, sauf deux vieillards et le chef du village. C'était un beau jeune homme d'une vingtaine d'années, qui se présenta noblement avec ses deux compatriotes, n'ayant pour toute arme qu'un bâton de cérémonie, gravé de figures bizarres et orné de rubans.

« C'est toi, dit-il, en adressant immédiatement la parole à son maître, c'est toi, notre chef, qui montres aux étrangers le chemin de notre pays! C'est toi, qui devrais marcher à notre tête contre les usurpateurs de nos champs, qui viens dans leurs rangs armés ravager nos plantations, brûler nos cabanes, tuer les défenseurs du sol que nous ont légué nos pères et ceux qui se sont battus cent fois pour ta cause et à tes côtés! — Nous sommes petits, et les étrangers sont grands; tu nous en amènes un nombre que nous ne pouvons compter; il ne nous reste qu'à nous soumettre. Nous sommes prêts à promettre tout ce qu'on voudra. J'ai fini de parler. »

J'écoutais, sans le comprendre, ce discours du sauvage. La gravité de sa parole, la noblesse de son maintien, l'expression de sa physionomie avaient seuls pu m'intéresser; mais quand ce discours nous fut plus tard traduit par un jeune auxiliaire indigène, il n'excita pas moins d'admiration chez nous que jadis n'en produisit chez les Romains celui du paysan du Danube. Ajoutons que le pauvre hère auquel s'adressait cette sévère harangue, fut tué un an après par celui-là même qui en était l'auteur, et dont il avait perdu le respect en même temps que la confiance.

XI

ÉTAT DOMESTIQUE

La déconsidération de la femme, on pourrait dire son avilissement, n'est pas moins préjudiciable à la constitution de la famille qu'à celle de la société. Considérée comme un être secondaire dévolu au bon plaisir de l'homme, la femme ne jouit point des droits imprescriptibles qui lui sont reconnus chez tous les peuples policés, pas plus qu'elle n'exerce cette influence intime du toit conjugal, et cette action non moins puissante sur la société entière, que nous aimons à lui voir exercer chez nous. Elle n'a que peu ou point de part dans les déterminations du mari, et à plus forte raison dans la direction de la chose publique.

La condition matérielle qui lui est faite dans le ménage et dans la société est en rapport avec son infériorité supposée. Elle n'a pas plus de droits à s'asseoir à la table du mari qu'à partager sa couche; aussi prend-elle généralement ses repas à part avec les jeunes enfants et habite-t-elle un annexe du toit conjugal, si l'époux est assez riche pour se passer le luxe de deux corps de logis.

Les réunions sociales, les divertissements ont toujours lieu par sexes séparés, et l'on verra que la danse elle-même, qui nous semble créée pour rapprocher les deux sexes, ne fait point d'exception à cette règle (1).

La femme partage les travaux de l'homme, et si sa faiblesse l'exempte des labeurs les plus rudes, en revanche, les plus fastidieux et les plus rebutants sont exclusivement son partage.

Les châtiments ne lui sont point épargnés par la sévère justice ou les caprices cruels du mari, et il n'est pas fort rare que des malheureuses recourent au suicide pour se soustraire aux mauvais traitements dont elles sont l'objet.

Remarquons qu'à l'inverse de ce qui se voit dans les sociétés policées, le suicide est plus rare chez les hommes que chez les femmes. C'est qu'aux hommes incombent chez nous les noirs soucis de la famille, le soin de l'existence, etc.; la femme, régénérée par le christianisme et placée, par la douceur et l'urbanité de nos mœurs, dans une situation conforme à son caractère et

---

(1) Le censeur Métellus Numidicus pensait à peu près comme les Calédoniens : « Si la nature eût été assez bienfaisante pour nous donner l'existence sans les femmes, nous serions débarrassés d'une compagnie fort importune. » (*Discours au peuple romain.*) Les Calédoniens sont-ils trop civilisés, ou les Romains étaient-ils devenus barbares ?

à sa faiblesse, a la part la moins dure dans les épreuves de la vie.

Je viens de faire connaître la condition en quelque sorte légale de la femme, ce qui ne veut pas dire qu'elle ne soit jamais adoucie par la générosité de l'époux, sous l'influence de ces sentiments qui pénètrent les natures les plus incultes et les plus rudes. L'adresse naturelle au sexe faible peut d'ailleurs, ici comme partout, triompher de la brutalité et se créer un certain empire sur la force. C'est ainsi que la femme unique du pauvre plébéien ou l'épouse préférée, la sultane du grand seigneur, peuvent s'élever véritablement à la dignité d'épouse. C'est ainsi que la mère peut conserver un juste empire sur ses fils, même après que l'âge les a dispensés de sa tutelle.

Les Néo-Calédoniens n'ont, en général, qu'une femme. La polygamie est bien autorisée dans toutes les classes; mais comme le célibat n'est point en vogue, et que le nombre des femmes est peu supérieur à celui des hommes, il résulte qu'un petit nombre d'individus seulement peut se passer le luxe de plusieurs femmes : ce sont les chefs et les riches. Le nombre des épouses est ordinairement en rapport avec l'importance du mari, et il va rarement au-delà de trois ou quatre. Les grands chefs seuls se composent une maison qui prend les proportions d'un petit harem; la plupart se contentent de cinq ou six femmes *titulaires*, mais il en est qui poussent le luxe jusqu'à la douzaine ou même jusqu'à treize, comme l'empereur de la Chine, ce qui compte pour la forte douzaine. Tel était Bonarate, et, en son temps, le chef de Tiouaka. Ce malheureux en a perdu le nez, et gagné des Français le nom de *Néanmoins*.

La domesticité, telle que nous l'entendons en France, n'existe pas chez les Néo-Calédoniens ; la polygamie la remplace. Le riche prend un nombre de femmes proportionné à l'étendue de ses champs, à l'importance de sa maison, à la figure qu'il doit faire dans le monde. Il serait plus juste de dire que polygamie et domesticité ne font qu'un ; chose qui n'est pas tout à fait inconnue chez nous, quoiqu'elle ne soit pas reconnue, et pour cela même méprisée avec juste raison.

J'ai dit tout à l'heure que le célibat n'était point en vogue. Rien de plus vrai ; mais un certain nombre de femmes dans chaque tribu y sont condamnées. Ce sont celles qui ont été fiancées dans leur jeunesse au grand chef encore enfant, et qu'il a refusé de reconnaître quand il est devenu homme. Nul ne peut les épouser. C'est une des mille absurdités qui entretiennent le libertinage, car ces femmes ne sont point des vestales. — Dans le sexe masculin, le célibat est inconnu, ce qui se comprend aisément. Cherchez les vieux garçons dans nos campagnes ; vous en trouverez peu ou point. C'est qu'il n'y aurait rien de plus incommode pour un paysan que de vivre dans le célibat, et qu'il n'y a souvent rien de plus commode pour un citadin. Comme je ne me soucie pas qu'on donne à ma pensée un sens qu'elle n'a pas, je la développe. La femme et les enfants aident le cultivateur dans le ménage et dans le travail des champs : ils sont pour lui un soulagement et une consolation tout à la fois. Aussi se marie-t-il sans hésitation.

Le bourgeois peu fortuné, au contraire, le petit employé, ne se trouvent pas toujours assez riches pour se permettre le luxe d'une famille, autrement dit pour partager des ressources qui lui suffisent à peine à lui seul. Aussi n'hésite-t-il pas à se marier.

Eh bien! le Calédonien ressemble à notre paysan, en ce sens que la femme est pour lui un aide, et si ses enfants ne le soulagent guère, du moins ne lui sont-ils point à charge, car, jeunes, ils incombent à la femme, et, adolescents, ils doivent se tirer d'affaire eux-mêmes. Tout engage donc le sauvage à prendre femme, et le célibat lui est inconnu. Quant à la polygamie, j'espère démontrer plus tard, en traitant des préjugés et des coutumes superstitieuses, qu'en Nouvelle-Calédonie elle est plutôt favorable à la moralité qu'à la dissolution. Comme d'ailleurs le nombre des femmes est un peu plus considérable que celui des hommes, soit à cause de la guerre qui frappe davantage les derniers, soit en raison des naissances, plus nombreuses dans le sexe féminin (1), la polygamie trouve en ce fait sa raison d'être.

---

(1) Les missionnaires de l'Ile des Pins ont constaté, depuis 10 ans qu'ils habitent l'île, un nombre plus considérable de naissances féminines que masculines.

La plupart des indigènes sont fiancés presque en naissant, ce qui tire peu à conséquence, car si plus tard les jeunes gens ne s'aiment pas, ou s'il y a seulement rupture de relations amicales entre les parents des fiancés, la convention est considérée comme non-avenue. Dans tous les cas, les fiancés demeurent avec leurs parents respectifs jusqu'à la consommation du mariage, qui a lieu au plus tôt à seize ou dix-sept ans pour les filles, et à dix-huit ans pour les garçons. Le mariage lui-même n'est guère plus solide que les fiançailles; et de même que ces dernières ont pu être répétées vingt à trente fois sur de nouveaux frais, de même, après l'entrée en ménage, le divorce peut se faire avec facilité. Mais outre le divorce, c'est-à-dire la séparation bénévole des conjoints, il y a quelque chose de beaucoup moins légitime, c'est la répudiation. Bien entendu que la femme ne peut pas répudier son mari, et que si celui-ci s'oppose au divorce, elle n'a d'autre ressource que de se faire enlever par un amoureux plus fort que son légitime, ou de fuir chez des parents capables de la défendre contre l'époux qui lui est antipathique.

Le mariage ne donne lieu à aucune cérémonie, sans doute parce que les indigènes, grands amateurs de cérémonies, le considèrent comme un acte de trop mince importance. Ils traitent cette petite affaire à huis-clos, tout modestement.

La femme n'apporte aucune dot, mais le mari n'achète pas sa femme, du moins d'une façon immédiate.

Il s'engage seulement, de par les usages et tacitement, à faire des cadeaux aux parents de sa femme dans toutes les grandes circonstances. Ainsi, pour la naissance d'un fils, il offrira des présents à son beau-père. Il en agira de même pour la circoncision de ce fils. Quand il y aura un décès dans la famille de sa femme, il sera tenu d'apporter son tribut de douleur, non en vaines paroles, mais en valeurs solides. Ces gens-là ne connaissent que le positif!

Les Néo-Calédoniens ne se marient pas entre proches parents du côté paternel; mais du côté maternel, ils se marient à tous les degrés de cousinage.

Tout homme, qu'il soit ou non marié au moment où son frère vient à mourir, est contraint, par les usages, d'épouser sa veuve. Il en était à peu près de même chez les Juifs (1).

Diverses conditions nuisent à la solide constitution de la famille : c'est d'abord l'avilissement de la femme, qui la prive de l'autorité qu'elle devrait avoir sur ses enfants; c'est le divorce sans contrôle, car des parents qui convolent de noces en noces ne peuvent avoir un égal souci pour tous leurs enfants, pas plus que ceux-ci ne peuvent garder tout le respect et toute la soumission qu'ils doivent à leurs parents; c'est enfin la bar-

---

(1) « Lorsque deux frères demeurent ensemble et que l'un d'eux » sera mort sans enfants, la femme du mort n'en épousera pas d'autre » que le frère de son mari qui la prendra pour femme et suscitera des » enfants à son frère. » (*Deutéronome*, chap. XXV, verset v.)

barie des mœurs avec la misère, qui en est une conséquence. Je m'explique. Les sauvages ont, comme les hommes civilisés, un amour naturel pour leur progéniture, c'est un sentiment instinctif, et leurs jeunes enfants sont l'objet de leur tendresse et de leurs soins tant que la faiblesse de ces petits êtres exige une sollicitude et des soins empressés. Mais cette affection d'instinct diminue au fur et à mesure que les enfants deviennent capables de se passer des secours des parents (1).

D'autre part, l'indépendance précoce des enfants vis-à-vis des parents, est la conséquence et la réciprocité de leur abandon.

La funeste coutume de l'*adoption* concourt encore à l'instabilité de la famille, en substituant des liens factices à des liens naturels plus solides.

Un homme adopte le fils d'un parent ou d'un ami; il s'en déclare le père et le traite comme tel à charge de revanche pour ceux qui naîtront de lui; mais cet échange de bons procédés n'est nullement obligatoire et la générosité peut n'être que d'un côté. Il y a mieux, un grand garçon qui s'est émancipé de la tutelle paternelle, se fait adopter par un ami presque du même

---

(1) Les aigles, disait Théodoric, roi des Ostrogoths, cessent de don» ner la nourriture à leurs petits, sitôt que leurs plumes et leurs ongles » sont formés; ceux-ci n'ont point besoin du secours d'autrui quand » ils vont eux-mêmes chercher une proie. De même, il serait indigne » que nos jeunes gens, etc..... » (CASSIODORE, liv. 1er, lettre 38e.)

âge. De telle sorte qu'il devient fort difficile, même pour le physionomiste le plus habile, de distinguer le père du fils entre deux individus de figure également juvénile. L'adoption entraîne le droit d'héritage au même titre que la naissance, et les chefs eux-mêmes peuvent se choisir un héritier, au détriment d'un fils qui passe du premier rang au second. Mais cette adoption qui devient un évènement politique, intéressant la nation entière, doit être ratifiée par le *Sénat* et n'a probablement lieu que quand l'héritier naturel est jugé incapable d'occuper la première place.

« Tel brille au second rang qui s'éclipse au premier. »

La filiation adoptive ne fait pas oublier la filiation charnelle, et si jeune qu'un individu ait été séparé du toit paternel pour entrer dans la famille adoptive, il n'ignorera pas plus tard de quels parents il est né et ne les considérera pas comme des étrangers. De là naît une confusion qui a été plus d'une fois cause de surprise et d'erreur pour les Européens. En effet, qu'un de ceux-ci, peu familiarisé avec les mœurs du pays, demande à un indigène quel est son père, et que Pierre ou Paul lui soit désigné ; que plus tard le même Européen entende le même indigène décerner le titre de père à Jacques ou à Philippe, il se croira victime d'une mystification, impuissant qu'il est à s'expliquer l'étrange phénomène d'un fils de plusieurs pères. A côté de cette confusion, qui n'est que comique, il en est une autre plus réelle et plus grave, parce qu'elle sape dans ses fondements l'institution la plus naturelle et la plus sainte de l'humanité, la famille.

L'éducation morale des enfants est tout à fait négligée, elle est même absolument nulle, et l'expression que je viens d'employer n'a aucun synonyme dans la langue des indigènes, parce que la chose qu'elle représente leur est tout à fait inconnue. Un libertinage précoce en est la conséquence toute naturelle, mais ce qui est beaucoup moins naturel, c'est que ce libertinage dégénère en un vice hideux, inqualifiable, pour lequel les anglais très-pudiques, au moins en parole, n'ont pas pu trouver de nom (*undesigned crime*), le vice, enfin, qui prétend faire des femmes des meubles inutiles.

Les jeunes filles sont plus réservées que les garçons. Elles se tiennent à l'écart des hommes jusqu'à l'âge de 16 ou 17 ans; non pas par vertu, mais à cause de l'opinion accréditée par la superstition qu'elles se rendraient malades à en mourir s'il leur arrivait de se livrer à eux plus tôt. Or, le joug de la superstition est tout puissant sur l'esprit des indigènes, et assez fort pour arrêter l'entraînement des passions. Le premier rapprochement intime est plus effrayant pour les calédoniennes que pour les femmes de nos sociétés policées dont l'esprit éclairé est à l'abri de toute crainte superstitieuse. Il n'a jamais lieu sans une purification *légale*, avec une eau lustrale consacrée par un sorcier et dite *eau virginale*. Du reste elles prennent amplement leur revanche dès que leur développement physique est bien accompli. Elles volent alors d'amour en amour jusqu'à l'éclipse de leurs charmes, c'est-à-dire jusqu'à l'âge de 20 à 25 ans, époque à laquelle elles se rangent, et entrent en ménage.

Forster, compagnon de Cook, nous représente les jeunes calédoniennes rebelles aux agaceries des amoureux, se dérobant dans les bosquets fleuris aux poursuites de leurs adorateurs, et leur refusant en définitive des trésors qu'elles leur avaient malignement fait espérer. On peut admirer l'élégance et le coloris de cette idylle, mais ce serait se laisser abuser que de la prendre au sérieux.

Il faudrait au lieu du pinceau moëlleux de Forster, le burin de Juvénal, pour montrer ces messalines sauvages poursuivant de leurs impures provocations des jouvenceaux novices, pour représenter de vieilles matrones ardentes à montrer le chemin du vice à de jeunes vierges, et non contentes de leur enseigner le culte de Vénus, diriger elles-mêmes le sacrifice, dans lequel elles servent à la fois d'autel et de prêtresse (1).

---

(1) Le lecteur philosophe s'accommode mal des réticences qui cachent une moitié de la réalité, et il a droit d'exiger que le flambeau qui guide ses pas sur une terre inconnue éclaire à la fois les fleurs et la fange du sentier. — Ainsi marche la science de l'homme ; la lumière douteuse et les voies obscures ne lui conviennent point. C'est l'excuse que je présente une fois pour toutes aux personnes qui trouveraient quelques-uns de mes tableaux licencieux et qui me reprocheraient d'avoir mis à jour certains traits de mœurs sur lesquels la pudeur semblait

L'avortement provoqué est un crime, malheureusement trop fréquent. Les manœuvres les plus subtiles, que le vice ait imaginées en Europe, ne sont point inconnues en Nouvelle-Calédonie. On me permettra de ne point salir mon récit de leur description. — Ce ne sont pas seulement les jeunes filles qui font ainsi disparaître le fruit d'une union coupable, mais des femmes mariées qui veulent se soustraire aux fatigues de l'allaitement pour prévenir l'invasion d'une décrépitude précoce ou même (le croirait-on) par coquetterie, pour éviter la flétrissure des charmes que la pudeur des Européennes voile avec sollicitude, ou tout au moins avec habileté, et que les Calédoniennes étalent au grand jour.

Quoique le respect des enfants pour leur père et même des cadets pour leur frère aîné soit chose très-réelle, et se traduise dans les mœurs par des croyances et des coutumes superstitieuses (la tête du père et du frère aîné est *tabou*, pour les enfants de l'un et les cadets de l'autre ; ils n'oseraient toucher même à un de leurs cheveux), il n'est que trop vrai pourtant qu'on a vu des Calédoniens reléguer leurs parents infirmes ou malades, dans un lieu écarté et les laisser dans cette position attendre la mort comme un bienfait. — Il n'est que trop vrai aussi qu'on les a vus pousser la barbarie

---

commander de jeter un voile. — Je ne néglige pas le voile, mais je le prends transparent, car je ne veux être obscur que pour l'innocence que je respecte et pour les personnes qui n'ont pas besoin de me comprendre.

jusqu'à jeter vivants, dans la fosse, des parents qu'une vieillesse décrépite eu une longue maladie rendait à charge à eux-mêmes et aux autres.

Mais je dois ajouter qu'en ce dernier cas, leur épouvantable conduite est si éhontée, j'oserais dire si ingénue, qu'on est presque forcé de croire qu'ils sont guidés plutôt par une bonne que par une mauvaise intention. C'est-à-dire qu'ils considèrent comme un service rendu au malade de le débarrasser d'une vie plus à charge encore à lui-même qu'à ceux qui l'entourent. D'ailleurs il est parfaitement avéré que des individus ont réclamé l'étrange service de se faire assommer sur la fosse qu'ils se creusaient eux-mêmes, ou se faisaient creuser sous leurs yeux. Je l'ai déjà dit, la mort n'a point d'effroi pour le Calédonien. Du reste ces faits se reproduisent rarement (1).

On connaît déjà les relations qui existent entre les époux et entre les parents et les enfants. Les liens qui unissent les enfants sont naturellement plus faibles, mais ne s'oublient guère pourtant. Je ne puis négliger de parler d'un préjugé extraordinaire qui règle les rela-

---

(1) J'ai trouvé la même coutume aux îles Fidji ou Viti, habitées par un peuple de même race et de coutumes identiques en plusieurs points; là, des vieillards, des malades, des individus misérables ou au désespoir implorent eux-mêmes de leurs proches la mort comme une faveur. On les porte à la fosse et, après leur avoir asséné un coup de casse-tête, on les couvre de terre. (Voir mon article sur les Viti dans les *Nouvelles annales des Voyages*, numéro d'avril 1861.)

tions du frère et de la sœur et qui leur impose un éloignement religieux et réciproque. Cet éloignement qui n'est certes l'effet ni du mépris ni de l'inimitié, me paraît né d'une exagération déraisonnable d'un sentiment naturel, l'horreur de l'inceste. Le frère et la sœur ne doivent jamais se trouver en présence même devant des tiers. Se rencontrent-il sur un chemin, la sœur doit s'écarter précipitamment ou si elle n'en a pas, le temps, se prosterner la face contre terre, et le frère hâter le pas pour s'en éloigner. S'ils viennent à se rencontrer dans une habitation, la sœur s'esquive au plus tôt.

Chose extraordinaire ! le sentiment instinctif de l'amitié, n'est point altéré par cette absence complète de relations, et l'une des deux parties vient-elle à tomber dans le malheur, elle est secourue par l'autre moyennant l'intermédiaire d'un tiers.

L'état domestique, comme aussi l'état social et politique qui fera le sujet du chapitre suivant, sont les mêmes chez les indigènes des petites îles de l'archipel Calédonien. Seulement j'ai cru remarquer qu'aux Loyalty et même à l'île des Pins, la femme vivait moins isolée du mari, était un peu moins déconsidérée, ce qui doit s'expliquer par l'influence des mœurs que les émigrants polynésiens ont apportées avec eux et qui on dû mitiger celles de la race primitive.

La moralité de ces insulaires est tout aussi équivoque que celle de leurs voisins. Leurs us et coutumes sont à peu près les mêmes, leurs institutions et leurs croyances identiques. Il est remarquable pourtant que les habitants des Loyalty ne pratiquent pas la circoncision.

XII

ÉTAT SOCIAL ET POLITIQUE

Les Néo-Calédoniens ont dépassé cet état primitif que regrettait pour nous le bon Jean-Jacques, car ils en sont arrivés à vivre en société.

On sait déjà qu'ils sont organisés en tribus formant autant de petites nations soumises chacune à *un Chef* qui tient sous sa dépendance des chefs secondaires gouvernant les différents villages dont se compose la tribu. C'est le gouvernement patriarcal développé.

Le chef de tribu représentant le premier père de famille, concentre l'autorité patriarcale et délègue son pouvoir aux chefs de village qui représentent les pères des différents rameaux issus de la souche commune, autrement dit de la famille primitive.

La conquête, les immigrations, la fusion bénévole ou forcée d'éléments étrangers, la multiplication indéfinie des familles ont certainement bien mélangé la population et modifié son état primitif, mais telle est probablement du moins l'origine de l'organisation politique des Calédoniens.

Il est vrai que la manière dont les îles de l'Océanie ont dû être peuplées conduit à la même forme de gouvernement par une voie différente.

Les invasions comme celles des Ouvéas par exemple (1) étaient conduites sans doute par le plus brave et le plus entreprenant.

La prise de possession une fois accomplie, celui-ci était *chef de tribu* et ses lieutenants devenaient *chefs secondaires* ou chefs de village.

Quoi qu'il en soit, chaque tribu forme une nationalité distincte ayant sa langue, ses coutumes, ses passions, ses intérêts particuliers.

La multiplicité des idiomes ainsi que les particularités ethnologiques capitales que je signalerai plus tard, révèlent des origines distinctes, des immigrations multipliées. Et si tous les idiomes sont susceptibles d'être ramenés à une langue-mère, ainsi que le supposent les missionnaires, seuls hommes compétents aujourd'hui en matière de langue, cela est dû à l'influence de la race *autochtone* je veux dire de la race répandue la première sur le sol, quelle que soit son origine.

La division du pays en un grand nombre de petites nations barbares, d'humeur belliqueuse et jalouses les

---

(1) Voir au chapitre 1er du livre II.

unes des autres, fait que, comme autrefois dans notre Europe féodale, les guerres sont perpétuelles. Elles éclatent d'ailleurs sous le plus futile prétexte. Le rapt d'une femme, la violation de quelque propriété, des propos injurieux, le désir de venger une ancienne défaite en sont la cause la plus ordinaire. Il faut ajouter, à la honte de l'humanité, que la passion du cannibalisme en est quelquefois le seul mobile, et alors le prétexte est facile à trouver. Les querelles intestines, c'est-à-dire les luttes de village à village, ne sont pas moins fréquentes que les guerres et naissent sous l'empire des mêmes causes; sauf que le cannibalisme y est tout à fait étranger; car s'il y a mort d'homme, ce qui arrive parfois, les regrets sont partagés par les vainqueurs et les vaincus, qui s'unissent pour rendre à la victime les honneurs funèbres.

Aux dévastations qui sont la conséquence des guerres étrangères, succèdent naturellement la famine et quelquefois des épidémies terribles, auxquelles les naturels ont donné le nom significatif de *suite de la guerre*. Telle fut celle observée par les missionnaires en 1846.

Comme dans toutes les contrées barbares, la pression du fort sur le faible est une règle qui souffre peu d'exceptions. Il en résulte qu'un chef puissant par le nombre ou la valeur de ses guerriers, par son habileté et par son courage, vise à la conquête de ses voisins plus faibles. C'est ainsi que de petites tribus perdent leur indépendance; mais leur soumission est le plus souvent passagère, ou incomplète, en ce sens qu'elles continuent de se gouverner par leurs propres chefs.

C'est ce qui était arrivé à la tribu de Touo vis-à-vis de celle de Ouagap, la première étant devenue simplement vassale de la deuxième. Encore, une pareille dépendance ne dure-t-elle qu'autant que la vie du chef qui a eu le talent et la force de l'imposer.

Une conséquence bien plus rare est l'invasion suivie de l'établissement des conquérants sur les terres des vaincus. En ce cas, l'aristocratie de la tribu conquise va chercher un refuge près d'un chef ami, tandis que le peuple reste ce qu'il était et ne fait que changer de maîtres. C'est ce qui a eu lieu à une époque récente pour Ouagap, dont j'ai vu le souverain dépossédé, établi à Hienguène, où il conservait tous les attributs de son rang, vivant toujours en roi, mais en roi sans royaume.

Quelqu'immense que soit l'autorité des chefs de tribu, elle n'est pas précisément despotique. Je la dirai plutôt *sacrée*, car c'est la vénération quasi superstitieuse bien plutôt que la terreur qu'elle inspire qui fait sa force, et parce que toute l'aristocratie concourt à l'administration de la chose publique. Cette proposition a besoin de développements.

D'abord, pour donner une idée de la vénération dont les chefs sont entourés, je ferai remarquer qu'à la guerre ils sont respectés et ménagés par les sujets ennemis. Leurs égaux seuls oseraient leur porter atteinte. Le prestige qu'ils exercent sur tous leurs inférieurs, sujets ou étrangers, est considérable. Et quant à ce qui a rapport au gouvernement, il faut bien savoir que dans toutes les circonstances importantes, les chefs subalternes qui constituent l'aristocratie de la nation et qui jouissent sur le menu peuple de priviléges presque aussi étendus que le grand chef lui-même, sont appelés en conseil. L'affaire se traite et se décide en commun. Dans ce sénat barbare, le souverain a certainement la prépondérance, mais les principaux seigneurs, le chef de la guerre ou général en chef, les vieillards enfin ont une grande autorité.

Chaque tribu peut être considérée comme un petit état féodal gouverné par un suzerain très-respecté, mais quelquefois moins riche en terre que l'un ou plusieurs de ses vassaux. Ceux-ci qui représentent les ducs, les comtes, les barons du moyen-âge sont, sauf un peu moins d'indépendance, dans les mêmes relations avec le suzerain qui ne saurait disposer suivant son bon plaisir ni de leur vie ni de leurs biens. Leur rang est à l'abri de toute inconstance du sort et de tout caprice du maître, qui ne peut pas plus les en priver qu'il ne saurait faire un noble d'un roturier, c'est-à-dire donner à celui-ci un rôle et une considération qui ne relèvent que de la naissance. On sait qu'il en était exactement de même chez nous avant que nos rois eussent assis leur autorité absolue. A cette organisation il est impossible de méconnaître la main de la conquête. Dans chaque tribu il y a une race soumise et une race conquérante.

L'étude des mœurs ne fait ici que confirmer ce que les investigations anthropologiques nous ont déjà fait entrevoir.

La conquête n'est pas née seulement de l'irruption subite d'étrangers que le vent jetait sur un point de la côte ; elle est née plus souvent sans doute de l'invasion de voisins jaloux d'agrandir leurs domaines et leur puissance, d'un guerrier ambitieux poussant sa troupe à la curée d'une proie à partager.

La hiérarchie féodale est presque aussi bien définie chez les Calédoniens qu'elle l'était chez nous au moyen-âge ; on y reconnaît les vassaux et les arrière-vassaux qui, avec leur famille, constituent la noblesse, et au-dessous de cette caste privilégiée, des roturiers plutôt que des serfs, car tous possèdent plus ou moins, et sont aussi plus ou moins libres de leur personne. Mais ils ont certaines redevances tant à l'égard du souverain que vis-à-vis de leur seigneur respectif, redevances mal réglées, parce qu'elles s'acquittent suivant les besoins du maître. Elles consistent généralement en corvées. Ainsi le chef d'un village fait contribuer tous ses gens à la culture de ses propriétés, et le chef suprême appelle pour le même objet, non-seulement les gens de ses domaines, mais, s'il le juge à propos, ceux de tous les villages. Ses sujets n'attendent pas même son appel, et aux époques agricoles, surtout à la saison des ignames et des taros, la tribu entière se montre heureuse et fière de lui faire des plantations qui fassent honneur à son opulence et dépit aux étrangers.

Les prestations en nature ne se font guère que dans des circonstances solennelles, comme quand le chef doit donner la *fête des ignames.* Il s'agit alors de représenter dignement, et toute la nation y est intéressée; chaque village apporte sa quote-part en vertu d'un impôt proportionnel à sa population et à sa richesse, je n'oserais pas dire proportionnel à la fortune de chaque individu.

A bien envisager la question, on voit qu'en définitive toute charge retombe sur *Jacques Bonhomme,* c'est-à-dire sur le pauvre hère. Vis-à-vis de lui, l'autorité du chef est effectivement despotique. Mais Jacques Bonhomme, plus résigné ou plus abruti ici qu'ailleurs, loin de se plaindre, semble trouver sa condition toute naturelle; il est fanatique de son maître, et je ne saurais dire si sa soumission aveugle naît plutôt de la crainte que d'un respect superstitieux. Cette misérable condition était bien plus vile dans la tribu d'Hienguène, sous l'autorité de Bouarate, l'ogre des *Annales de la propagation de la foi.* Et cependant l'absence de cet homme est toujours regrettée de ses sujets, comme s'ils avaient perdu en lui leur gloire et leur félicité. Il est historique que cet affreux cannibale tuait fréquemment des sujets de basse condition pour s'en repaître lui et sa famille. Loin de soulever l'indignation publique et l'insurrection de la basse classe où il choisissait ses victimes, il ne recevait que des éloges. « *Grand chef, Bouarate! beau seigneur,*

Bouarate! nous a-t-on souvent répété d'un air glorieux. » Il ne leur restait plus qu'à dire à leur ogre :

> Vous leur fîtes, seigneur
> En les croquant, beaucoup d'honneur.

Quelle dégradation de l'esprit humain ! et c'est le despotisme qui a produit ce beau résultat.

Si le peuple est dans une dépendance servile vis-à-vis des chefs, il n'en est pas de même de l'aristocratie vis-à-vis du souverain, ainsi que je l'ai déjà annoncé. La déférence, la soumission habituelle, et j'oserais dire instinctive, n'empêche pas l'aristocratie de s'insurger quelquefois contre son suzerain.

C'est ainsi qu'à Touo, elle a substitué le règne de la branche cadette à celui de la branche aînée. Toutefois, le peuple ne s'en est pas mieux trouvé depuis.

Les successions de pouvoir ont lieu dans l'ordre de primogéniture masculine, et quand l'héritier du pouvoir suprême n'est encore qu'un enfant, on lui constitue un conseil de régence dirigé par le plus proche parent, qui gouverne en réalité la tribu jusqu'à la majorité de son pupille. A défaut d'âge déterminé par la loi, la majorité est déclarée au moment où le jeune homme se montre capable de manier avantageusement la lance et le casse-tête. Au reste, il sait bien se déclarer lui-même majeur, à peu près comme Louis XIV signifiait à Messieurs du Parlement qu'il avait atteint l'âge de raison politique.

XIII

RELATIONS SOCIALES. — COMMERCE, CIRCULATION. — RÉUNIONS DE SOCIÉTÉ. — POLICE ET JUSTICE.

Chez un peuple où la distinction des professions n'existe pas, chacun sachant cultiver la terre, construire une pirogue, tresser un filet de pêche, édifier une cabane, pourvoir en un mot à tous ses besoins; il n'y a que fort peu d'échanges. Ce qui les diminue encore, c'est l'*isolement* dans lequel vivent des tribus qui cependant cultivent des terrains différents par leur constitution, par la plus ou moins grande facilité d'irrigation, par leur exposition plus ou moins favorable à la radiation solaire, et dont les produits sont en conséquence plus ou moins distincts. Telle localité, par exemple, est plus propice à la culture de l'igname, telle autre à celle du taro, de la canne à sucre. Les cocos, les bananes sont très-rares à l'extrémité sud, et ne le sont point à quelques lieues plus au nord, c'est-à-dire à partir de Kanala. Nonobstant, il ne se fait point d'échanges. Il n'y a que quelques localités comme Tionaka et surtout Mouéou qui soient en possession d'un *marché*. Les riverains de Mouéou ne cultivent ni le taro ni l'igname, si ce n'est en quantité très-insuffisante, mais se livrent à une pêche très-active, dont ils échangent les produits contre le *pain* que leur apportent, à jours fixes, les cultivateurs du fond de la plaine de Kouni. Ce sont les racines de taro et d'igname qui sont véritablement le pain du pays.

J'ai dit que les indigènes d'Hienguène faisaient un petit commerce de tabac.

Il arrive bien quelquefois qu'on achète une pirogue, qu'on fait construire une cabane, etc., mais ces cas sont rares et ne donnent origine ni à des professions distinctes, ni à un commerce suivi. Comme il y a peu de commerce, l'utilité d'une valeur représentative et propre à la circulation ne se fait point sentir ; aussi les indigènes ne connaissent-ils d'autre monnaie que les petits grains en chapelets auxquels on a attaché une valeur considérable et qu'on ne trouve guère qu'entre les mains des riches pour servir à des transactions importantes, comme l'achat d'une habitation, d'une pirogue. Ces grains sont trop petits pour pouvoir circuler isolément et servir ainsi de menue monnaie. L'idée de donner une valeur représentative et conventionnelle à un objet de petit volume, de créer une monnaie en un mot, est tout à fait digne de remarque.

J'ai dit que les Néo-Calédoniens faisaient quelques échanges avec les traitants qui parcourent la côte.

En aucun coin du monde civilisé la circulation humaine n'est aussi restreinte qu'en Nouvelle-Calédonie. Pour aller dans une tribu étrangère, il faut en être connu ou vouloir se faire manger. Les visites que se rendent les indigènes sont presque toujours collectives. Un chef reçoit d'un de ses voisins une invitation pour une fête et il s'y rend en grand appareil avec l'élite de ses guerriers. Je ferai connaître plus tard le cérémonial en usage, et les réjouissances publiques qui ont lieu alors.

En dehors de ces circonstances, ceux-là seuls qui ont des parents ou des amis dans les tribus voisines vont leur rendre visite. La caste aristocratique contracte assez fréquemment des mariages dans les tribus alliées, et ce sont ces unions qui entretiennent les relations et les visites. Mais les tribus tant soit peu écartées les unes des autres ne communiquent point entre elles ; les différences de langage seraient à elles seules un obstacle à ces relations. Il n'y a que les voisins qui puissent se comprendre, parce que leurs idiomes respectifs ont plus d'analogies communes, et parce qu'en Calédonie, comme dans tout l'univers, on parle sur la frontière de deux nations la langue de l'un et l'autre pays.

Quant aux Européens qui veulent voyager en Nouvelle-Calédonie, voici la conduite qu'ils doivent suivre pour *passer et librement circuler*. Avant de se présenter aux frontières d'une tribu, il faut en être déjà connu ou muni d'un sauf-conduit d'un chef allié de cette tribu.

Le meilleur sauf-conduit est un ou plusieurs de ses fidèles comme compagnons. Il faut en outre se munir d'objets de cadeaux, comme cotonnades rouges, tabac, haches, etc. On fait annoncer son arrivée au souverain, qui vient lui-même vous recevoir à la frontière ou y envoie l'élite de ses gens. En échange de l'écharpe blanche, emblème de la paix, qui vous est présentée après un beau palabre, vous offrez vos présents au chef, s'il est là, et s'il n'y est pas, vous gardez les plus précieux pour les lui offrir à son domicile, où l'on vous conduit directement. Il vous prend dès lors sous sa protection, et votre vie est en sûreté, à moins d'une trahison de sa propre part ; mais nul n'oserait, sans son aveu, toucher un cheveu de votre tête. En échange de vos présents, vous recevez le gîte et la table; les vivres ne vous sont point épargnés. En outre, ce chef vous donne les moyens de passer sur le territoire de ses alliés, si vous voulez poursuivre votre voyage. Les formalités que je viens d'indiquer sont de rigueur ; vouloir s'y soustraire, serait se condamner à mort, à moins d'être escorté d'un nombre imposant de baïonnettes ; et, moyennant ces formalités, on peut ordinairement voyager en sécurité, à condition de respecter les usages et surtout les femmes des naturels. Les Calédoniens entendent la doctrine de Cabet, mais ils ont l'oreille sourde à celle de Saint-Simon.

Si le lecteur n'avait déjà conçu une haute idée de la majesté des chefs calédoniens et du respect des sujets pour leur volonté, ce qui vient d'être dit suffirait à les lui faire comprendre. Cette puissance est telle que dans le combat le plus acharné, dans le massacre le plus sanglant, le prisonnier sur lequel un chef jette sa merci échappe à toutes les armes levées sur sa tête. Il suffit même qu'il soit *adopté* par un notable avec l'agrément du grand chef, et, dès lors, le prisonnier devient membre de la famille, car l'esclavage n'existe pas dans la société calédonienne.

C'est par l'adoption que furent sauvés les douze matelots de la corvette l'*Alcmène* et le chercheur d'or dont il a été parlé précédemment. Ils survécurent ainsi au massacre de leurs compagnons.

Si les relations entre les indigènes sont peu fréquentes de tribu à tribu, en revanche elles sont permanentes entre les villages d'une même nation, et elles sont si intimes entre les habitants d'un même village, qu'ils vivent presque en communauté. Bon nombre de jeunes gens n'ont pas même de domicile, et vivent chez l'un ou chez l'autre. A l'heure où les marmites se vident, approche qui veut pour prendre sa part, nul ne l'en empêchera. Si cependant le même individu recommençait trop souvent son jeu, on se contenterait de dire tout bas : « Voilà le pique-assiette (1). »

---

(1) Traduction libre de leur mot, qui est littéralement : « voilà *l'hirondelle*. » Un oiseau de cette famille voltige souvent au-dessus des eux qu'on allume pour défricher les champs, sans doute pour saisir

Il est très-habituel que plusieurs familles prennent leur repas en commun par sexes séparés, les enfants restant avec les femmes. Les Calédoniens ont l'instinct de la doctrine communiste. Toutefois ils partagent aussi volontiers leur bien qu'ils sont avides de partager celui d'autrui. Il faut dire à leur louange qu'ils se montrent en toutes circonstances d'une grande générosité. Nous avons eu mille occasions d'en faire la remarque. Faisait-on un petit cadeau à l'un d'eux, il se hâtait de le partager sans se garder toujours la plus grosse part. Mais il faut ajouter qu'en cela ils sont plutôt esclaves d'un usage, auquel ils ne sauraient se soustraire sans se mettre au pilori de l'opinion, que mus par un sentiment du cœur, car quand ils peuvent cacher ce qu'ils possèdent ou ce qui leur est donné, ils se gardent bien de le partager. Quoi qu'il en soit, leur générosité spontanée ou obligatoire, jointe à leur imprévoyance, fait qu'ils manquent souvent du nécessaire. Les parasites et les fainéants ayant consommé beaucoup et apporté très-peu.

Voilà un avant-goût de ce que vous vouliez nous donner, communistes et socialistes de malheur, qui avez tué la liberté en la faisant craindre, au lieu de la faire aimer, cette fille du ciel déguisée par vous en suppôt de l'enfer !

---

au vol les insectes qui s'échappent, et les indigènes trouvent avec raison une certaine analogie de mœurs entre cet oiseau et les parasites qu'attire la fumée de la cuisine.

Les indigènes se réunissent fréquemment et en nombreuse société, toujours par sexes séparés, soit durant les heures les plus chaudes de la journée, avant et après la sieste, à l'ombre des cocotiers ou sous quelque hangar dont la principale destination semble être de protéger les réunions de dormeurs et de bavards; soit après le repas du soir, à l'heure où l'atmosphère attiédie invite chacun à goûter les délices du *fare niente*.

C'est le moment où la brise de mer répand sa douce fraîcheur sur la terre échauffée, caresse la pelouse sur laquelle s'étendent mollement les indigènes, et ondule, au-dessus de leur tête, la chevelure des cocotiers. — Alors, coulent d'abondance les verbeuses conversations dont la chronique du jour, les propos égrillards, les railleries et la politique elle-même font les frais tout comme chez nous. Souvent, un conteur ingénieux prend la parole, et absorbe, pendant des heures entières, l'attention de l'auditoire.

Les événements fabuleux ou comiques, les faits et gestes des guerriers célèbres, les histoires de l'ancien temps sont le sujet ordinaire de ces récits dont j'ai donné les plus intéressants échantillons. Les femmes peuvent en profiter, à condition de se tenir à l'écart. Elles ont soin, d'ailleurs, de se composer elles-mêmes des réunions où nul homme ne vient les déranger. Mais, comme leur travail est plus assidu, il est clair que leur part de *fare niente* est aussi moins grande.

Quand on a assez parlé, on ouvre la danse; du

moins, ce divertissement est-il très-fréquent, car les indigènes ont pour lui une véritable passion. — Il sera question, ailleurs, de cet exercice.

La musique aide bien quelquefois à tuer le temps, mais elle ne fournit qu'un divertissement individuel, parce que les Calédoniens ne savent pas chanter en chœur et, encore moins, jouer en mesure de ces flûtes de roseaux dont j'ai déjà parlé.

Le chant des indigènes est monotone, mais n'a rien de sauvage et de mal sonnant.

Quoiqu'ignorants du rhythme poétique, ils savent donner la cadence à des idées exprimées en vile prose, et tirer parti de la musique pour donner une nouvelle force à l'expression, faciliter le jeu de la mémoire, et perpétuer le souvenir d'un événement par le charme de l'harmonie. C'est ainsi qu'ils chantent un naufrage pour apprendre à leurs arrière-neveux à se garer de l'écueil. Il y a, s'il faut en croire les naturels de Bélep, une île *habitée*, située à une assez grande distance de la leur, dans la direction du Nord-Est. Leur opinion repose sur ce que des pirogues qui s'étaient avancées plus loin que les autres de ce côté-là, malgré le vent contraire qui est généralement régnant, ont vu brûler des feux dans cette direction (1). Quoi qu'il en soit de

---

(1) C'est probablement un des îlots de corail du récif de d'Entrecasteaux, qui n'ont point d'indigènes, mais sur lesquels s'établissent provisoirement des aventuriers pêcheurs de tortues et de tripangs.

cette supposition, il n'en est pas moins certain qu'à diverses époques des pirogues de Bélep ont été à la découverte de ce *microcosme*, et que pas une seule n'est revenue. Eh bien ! la mémoire et l'enseignement de ces tentatives malheureuses se transmettront longtemps de génération en génération, grâce à l'histoire plus ou moins enrichie de merveilleux qui sert de thème à une mélodie peu savante, mais que je regrette pourtant de ne pouvoir noter. C'est cet air monotone qui revient toujours sur leurs lèvres quand ils veulent tuer le temps ou charmer les ennuis du travail. Le plus souvent il se compose de sons inarticulés, mais d'autres fois il sert, pour ainsi dire, de véhicule à quelque histoire du genre de celle que j'ai citée.

De même le chant, par lequel les femmes s'accompagnent dans leurs danses le plus souvent sans signification aucune, comporte, par accident, des paroles licencieuses ou de circonstance. — Les danses des hommes, beaucoup plus sauvages et dont la cadence ne se marque que par des cris, empruntent quelquefois une signification à des questions posées par le chef et auxquelles répondent par oui ou par non les autres exécutants. Exemple : « Attaquerons-nous les ennemis ? — Oui. — Sont-ils forts ? — Non. — Sont-ils vaillants ? — Non. — Nous les tuerons ? — Oui. — Nous les mangerons ? — Oui. » Etc., etc.

On comprend quelle puissance ce moyen d'action donne à un chef qui veut exciter ses guerriers, à un meneur qui veut entraîner dans sa querelle des voisins qu'il a conviés à une fête. — C'est alors que la danse, qui n'est chez nous qu'un amusement frivole, usurpe chez ces sauvages le rôle de l'hymne guerrier; c'est la *Marseillaise* calédonienne.

Il est étonnant que les Néo-Calédoniens n'emploient dans leurs rapports sociaux aucune formule de politesse. De toutes les peuplades océaniennes qu'il m'a été donné de voir, c'est la seule chez qui j'ai pu constater ce défaut. Ainsi, ils ne connaissent ni bonjour, ni merci, ni souhaits d'aucune sorte. Ils ont cependant leurs règles de politesse, et l'ignorance ou l'oubli de ces règles est taxé, comme chez nous, de mauvaise éducation. C'est ainsi qu'il est de règle de marcher devant quelqu'un qu'on respecte, et non de le faire passer devant soi. Veut-on l'introduire quelque part, on entre le premier; veut-on croiser cette même personne arrêtée ou assise, il serait tout à fait malséant de passer derrière elle, il faut passer devant sa face. Toutes ces règles de politesse, dont les indigènes ne se rendent pas compte, à coup sûr, sont nées, selon moi, d'un sentiment de défiance mutuelle, et j'ai précédemment expliqué comment.

C'est un mortel affront faire à quelqu'un que de lui parler de sa sœur, sans doute à cause de cet éloignement superstitieux que le préjugé impose entre le frère et la sœur. Ce sont deux personnes qui doivent s'ignorer mutuellement.

Bref, en tout et pour tout, leur politesse est au rebours de la nôtre. Ainsi, témoigner après un bon repas de la plénitude de son estomac, par une de ces expressions sonores dont nous rougirions, est une manière de rendre hommage à la générosité de son hôte.

Le chef de Kanala, déjà connu du lecteur, ayant pris place un jour à notre table, usait de la fourchette, de la cuiller et de la serviette, se comportait enfin comme un homme bien élevé, sauf au point de vue des résonnances, qu'il affectait de rendre le plus retentissantes possible.

Les chefs ont ici, comme les princes en Europe, le privilége de certaines politesses qui sont des témoignages de haute déférence. On doit s'asseoir devant eux quand ils se tiennent debout, s'écarter du sentier pour les laisser passer, etc.—La servitude des femmes se traduit vis-à-vis d'eux par des démonstrations qui font mal à voir. Se rencontrent-elles sur leur chemin, elles se prosternent la face contre terre si elles n'ont pas eu le temps de s'écarter à bonne distance, comme pour ne pas blesser leurs regards. Elles ne s'approchent d'eux qu'en rampant quand ils les appellent.

Terminons ce chapitre par quelques considérations sur la police des petites sociétés calédoniennes.

Dans une nation où les mœurs et les usages tiennent lieu de lois, les individus se règlent eux-mêmes, et tout naturellement sur ces mœurs et sur ces usages qu'il est bien plus difficile de violer que des lois. Quant aux choses qui ne sauraient faire l'objet que de règlements accidentels, comme, par exemple, l'époque fixée pour certaines récoltes dont la prospérité intéresse l'alimentation publique et par conséquent la force de la tribu, on a vu que le chef renforçait son autorité personnelle de l'empire de la superstition au moyen *tabou*.

Quant aux débats qui peuvent survenir entre les individus, rarement l'autorité a-t-elle à intervenir; ces débats se vident entre les parties intéressées toutes les fois que la question n'est pas d'une telle importance qu'elle porte atteinte à la sécurité de tous, comme le vol et l'adultère. Une tribu ne saurait souffrir dans son sein un homme qui fait le métier de voler; tout le monde se trouve menacé en même temps, et tout le monde a intérêt à la correction ou à la destruction d'un tel homme. Aussi, le chef qui représente et défend les intérêts communs est-il d'une grande sévérité contre le vol, et la mort en est-elle la punition si le méfait a quelque gravité. La bastonnade et la restitution de l'objet ou de son équivalent sont la moindre peine qui puisse revenir au coupable, à moins qu'il ne soit personnage d'importance, et le plaignant homme de peu, car, en pareille occurrence, dame Justice a des faiblesses !

On a dit que les Néo-Calédoniens étaient voleurs; pour être exact, il aurait fallu dire : enclins au vol.

Cela signifie qu'ils le commettent volontiers quand ils sont sûrs de l'impunité, et c'est ce qui a eu lieu dans leurs premières relations avec les Européens, alors que chefs et sujets se donnaient la main pour voler. Mais, partout où les Européens ont été pris sous la protection des chefs, ils n'ont eu à souffrir d'aucun rapt. C'est le témoignage qui m'a été rendu à Kanala, à Balade, comme à Monéou, comme à Bouraï, par les Européens établis en ces localités et qui laissent leurs maisons ouvertes aux indigènes. A Port-de-France, où les naturels des deux sexes servent comme domestiques dans les maisons des colons et des employés du gouvernement, et où ils n'auraient pas à redouter, en cas de faute, des peines extrêmes, ils ne dérobent jamais rien, ce qui prouve bien qu'ils ne sont pas très-voleurs. Or, si les indigènes se montrent probes vis-à-vis des Européens, qui ont tant d'objets capables d'exciter leur convoitise, ils doivent se voler bien rarement entre eux, d'autant plus rarement que l'espèce de communisme dont j'ai parlé les en dispense et doit les dégoûter singulièrement d'une industrie difficile et périlleuse à la fois. Voici ce que j'ai vu dans la tribu de Kanala qui était, à vrai dire, sous l'autorité de *Kaï*, la mieux gouvernée de l'île. Un jour que je parcourais la campagne, suivant mon habitude, avec un jeune indigène pour guide, je vis celui-ci mettre bas sa chemise, seul vêtement qu'il eût sur le corps et qui pourtant le gênait, la déposer à quelques pas du sentier, et placer dessus une tige d'herbe qu'il avait nouée d'une certaine façon.

« — Que fais-tu là, lui dis-je?

» — Je laisse ma chemise pour la reprendre quand nous retournerons par ici.

» — Et si on te la vole?

» — Est-ce que dans ton pays on volerait une chemise sur laquelle aurait été mis un tabou? »

Je dus, politiquement, opiner pour la négative, tout en convenant, *in petto*, que même en Normandie, où du temps de Rollon, on pouvait suspendre en toute sécurité des bracelets d'or aux arbres de la route, dit la chronique, une chemise, en même position, serait aujourd'hui fort aventurée.

Quant à la propriété immobilière, elle est tout aussi bien reconnue et respectée que chez nous. Tout homme, qu'il soit noble ou plébéien, est possesseur d'une étendue plus ou moins considérable de champs. Point n'est besoin de clôture pour en marquer les limites; chacun reconnaît le sillon qui sépare son champ de celui du voisin, et nul n'est disposé à souffrir les empiétements. Les chefs eux-mêmes respectent les propriétés de leurs sujets. L'existence et la garantie de la propriété territoriale sont dignes d'être remarquées, par ceux qui veulent se rendre compte de l'état social et des progrès vers la civilisation chez les Néo-Calédoniens. Cette propriété est d'un ordre plus élevé que la propriété mobilière. L'idée de droit exclusif à un outil, à une pirogue ou à un filet de pêche vient tout d'abord et est commune aux peuplades les plus arriérées ; il n'en est pas de même de l'idée de droit exclusif à une portion de terre.

L'adultère n'intéresse pas la société tout à fait au même titre que le vol ; mais c'est un crime si grave aux yeux de gens jaloux, à juste titre, de leurs femmes, il importe à si haut point de ne pas l'encourager par l'impunité, que chaque individu dans la communauté, se trouve blessé dans la personne de son concitoyen malheureux, exposé qu'il est lui-même à pareil désagrément. Aussi, dans la tribu de Kanala, tout individu surpris en adultère est immédiatement conduit devant le chef, jugé par le conseil des vieillards sous la présidence de ce dernier, et exécuté sur l'heure. Dans les autres tribus, les choses se font moins régulièrement ou plus sommairement ; mais le résultat est le même. Bien entendu que quand le mari surprend celui qui le déshonore, il fait sur le champ ce que font en pareil cas tous les maris du monde. Quant à la femme, son sort est ordinairement moins rigoureux ; une forte correction, plus souvent qu'un coup de hâche, fait justice de son crime. Dans tous les cas son sort est aux mains de l'époux. Le chef respectant le proverbe qui ordonne de *ne pas mettre le doigt entre le bois et l'écorce,* n'intervient ni pour ni contre la coupable. Certains maris débonnaires à leur façon, infligent un châtiment qui perpétue leur honte en même temps que celle de leurs femmes. Ils enlèvent un lambeau de cuir chevelu sur le sommet de la tête criminelle, et l'envoient pour toujours promener son opprobre loin du domicile conjugal, opprobre ineffaçable comme le stigmate qui en est l'enseigne, car les cheveux ne peuvent plus repousser à l'endroit où la peau a été enlevée.

Les Egyptiens, les Grecs, les Romains n'étaient ni plus rusés ni moins cruels ; chez eux le mari malheureux avait le droit de couper le nez de la femme adultère. C'est un emprunt que nos législateurs ont négligé de faire au droit romain et personne ne s'en plaindra.

XIV

FÊTES ET RÉJOUISSANCES PUBLIQUES

Moins un peuple aime le travail, moins il a de besoins matériels à satisfaire, plus il aime les fêtes et plus il en célèbre. Considérez l'origine et les progrès de la réforme, et vous verrez que le nouveau culte, sevré de toutes les pompes, de toutes les fêtes de l'ancien, naquit en Allemagne. Et tandis qu'il s'étendait rapidement dans tout le nord de l'Europe, il ne faisait aucun progrès vers le midi où les Alpes et les Pyrénées marquèrent sa limite. Les lazzaroni de Naples ne changeraient pas les fêtes de saint Janvier, pour la plus belle exposition de l'industrie !

Les Néo-Calédoniens aiment les fêtes à la folie. Commençons par celles de la naissance. — Quand un homme est devenu père, on lui apporte son fils, et le prenant dans ses bras, il le *lève* à hauteur de sa tête, pour montrer qu'il le *reconnaît*, ainsi que le faisaient les anciens Romains. Si c'est un plébéien, tout se borne à une petite fête de famille et d'amis ; mais si le nouveau-né est de haute extraction, des réjouissances publiques signalent sa venue au monde.

La naissance des filles se passe en quelque sorte à la sourdine. C'est que dans le premier cas, la tribu compte un guerrier de plus, et qu'une fille n'est pas estimée à la même valeur ; c'est une fleur qu'on ne prise que quand elle s'épanouit.

De même la mort d'un garçon arrache à tous quelques paroles de regret, et celle d'une fille ne provoque en dehors de sa famille que des quolibets.

Non seulement la tribu entière célèbre la naissance d'un fils du grand chef, mais les tribus alliées envoient, sur l'invitation qui leur en est faite, des députations de guerriers, pour prendre part à l'allégresse publique. Ces alliés, conduits par leurs chefs respectifs, arrivent au jour fixé, en grand costume de guerre, qui est en même temps celui de fête, sans doute, parce que les guerriers considèrent l'appareil de combat comme le plus beau, et le plus digne de parer un homme. Après avoir présenté l'écharpe blanche, emblème de l'amitié, et fait de grands frais d'éloquence, pour complimenter leur hôte, sa famille et ses guerriers, ils exécutent une grande danse, et divers exercices militaires. Tel est par exemple le tir au blanc, avec les sagaies et les frondes. Contentons-nous d'ajouter que les invités offrent à leur hôte des présents en échange desquels ils reçoivent une libéral hospitalité.

La *circoncision* donne lieu comme la naissance à une fête de famille chez les simples particuliers, et à des réjouissances publiques quand il s'agit d'un jeune prince.

Comme pour la naissance, les parents et amis apportent des présents, et le père en fait lui-même à la famille de sa femme.

Les jeunes garçons subissent cette opération vers l'âge de cinq ou six ans ordinairement, et reçoivent le même jour, en grande cérémonie, l'investiture de la première culotte (1). Mais quand la circoncision est différée jusqu'à la puberté, ce qui arrive quelquefois, ils n'attendent pas cette époque pour prendre le vêtement.

---

(1) Mot impropre que la pauvreté de notre langue me force à employer pour désigner le vêtement impair et d'une extrême brièveté dont il est question.

La mort et les funérailles sont l'occasion de scènes de deuil dont l'importance, aussi bien que la durée, varie suivant la condition du défunt. — S'il s'agit d'un simple particulier, les parents, les amis, les voisins réunis en nombre respectable, autour de la maison mortuaire, s'égosillent pendant des heures, en cris et en sanglots, et, comme cet exercice est naturellement très-pénible, on se sépare par groupes qui font la partie chacun son à tour, pendant que les autres se reposent en fumant ou causant agréablement. — Les femmes m'ont paru plus spécialement préposées à cette cérémonie qui se répète quelquefois pendant plusieurs jours. Un splendide festin, offert par la famille du défunt aux amis qui viennent le pleurer, est l'accompagnement obligé de toutes cérémonies funèbres. Inutile de dire que le mort est complétement oublié pendant ce repas d'où la gaîté n'est point exclue. — Il n'est pas moins du devoir des parents et alliés d'offrir à la famille affligée des présents comme consolation de la perte douloureuse qu'elle vient de faire.

S'il s'agit d'un chef, ou même d'un héritier présomptif du pouvoir suprême, les scènes de deuil prennent des proportions gigantesques ; la tribu entière y participe, et témoigne de sa douleur par des démonstrations horribles, effrénées. Tous les guerriers barbouillés de suie, tenant à la main un bâton surmonté d'un panache blanc, exécutent des processions barbares autour des dépouilles mortelles de leur chef. L'air retentit de cris lamentables, le territoire est battu en tous sens par des bandes folles de douleur et avides de vengeance. Il faut une victime dont le sang expie la mort du maître qu'on pleure. Qui l'a causée cette mort? un sorcier ou une sorcière. Il faut trouver l'un ou l'autre et lui arracher la vie. Le massacre d'un ou de plusieurs malheureux ne tarde pas d'avoir lieu, mais cette expiation ne met pas un terme à la douleur publique ; les vociférations et les mouvements désordonnés se continuent pendant plusieurs jours, puis enfin l'effervescence se calme pour ne se réveiller dans toute son horreur, qu'au lever et au coucher du soleil, chaque jour pendant un ou deux mois. — Ces scènes s'accompagnent de destructions déplorables ; on coupe grand nombre de cocotiers, on détruit des plantations, comme si la nature entière devait s'associer au deuil des hommes.

En même temps le tabou (prohibition) est mis sur les cocos, les ignames ou toute autre substance alimentaire, le travail des champs, et la guerre elle-même sont suspendus ou différés jusqu'à la fête de clôture.

Disons en passant, qu'il est à regretter que ces suspensions obligatoires de la guerre, qui rappellent les *trêves de Dieu* du moyen-âge, ne soient pas aussi fréquentes chez les Calédoniens qu'elles l'étaient chez nos pères. — Pendant le même temps, les femmes restent séparées des guerriers, et ceux-ci viennent, chaque semaine, faire un repas commun et cérémonial près du lieu où repose le corps de leur chef. A la fin du mois ils *cuisent la lune*, suivant la pittoresque expression de leur langue, c'est-à-dire que toutes les batteries de cuisine de la tribu sont mises à réquisition pour préparer le festin homérique par lequel on couronne la série des cérémonies funèbres.

Au lieu d'en finir avec le premier mois qui suit la mort d'un grand chef, la fête de clôture n'a lieu quelquefois qu'à la fin du deuxième mois. Puis tout rentre dans l'ordre habituel, et le défunt dans l'oubli, jusqu'à la lune anniversaire prochaine. Alors a lieu une grande fête commémorative, et pour *cuire la lune*, plus complétement, les tribus alliées sont invitées à venir avec leur contingent de provisions. Alors de nombreuses troupes s'ébranlent, et de 10 et 15 lieues de distance se mettent en campagne sous la conduite de leurs chefs respectifs. Bientôt des quatre points cardinaux, entrent triomphalement dans le village de fêtes, des troupes rivales et dont l'arrivée est redoutée à l'égal d'un fléau par des hôtes qui ne les ont conviées que pour satisfaire à une habitude de convenance dont ils n'osent secouer le joug.

Disons-le de suite, le Calédonien est esclave de ses usages; tous sont pour lui aussi obligatoires qu'immuables. — Dès l'ouverture de la fête, les rixes sont imminentes. En attendant, on procède au festival et à la danse, on passe au tournois avec la sagaïe, la fronde, le casse-tête. Si chaque guerrier tient à cœur d'éclipser son rival par l'éclat de sa parure et sa tournure belliqueuse, il a bien plus à cœur de montrer sa supériorité dans le maniement des armes. De là naissent des jalousies, des rancunes, et si la guerre ne commence pas dès lors tout de bon, elle a beaucoup de chance d'éclater à l'occasion d'un incendie, d'un viol, d'un adultère ou autre légèreté impardonnable, que se permettra quelque freluquet ivre de pitance, de cris, de danse, de tournois, car les Calédoniens trouvent moyen de s'enivrer avec ces choses-là comme nous avec le vin.

Ainsi se terminent souvent ces fêtes anniversaires où la mémoire du défunt n'a eu pour elle que quelques oraisons funèbres prononcées par les chefs, et des chorus de hurlements d'une courte durée. C'est-à-dire que les meilleures intentions conduisent au mal des gens incapables de régler leur conduite et de dominer leurs passions, que des institutions saintes dans leur objet créent de nouveaux sujets de mal et de douleur, que tout dégénère enfin dans une société en proie à la barbarie.

Les fêtes anniversaires, telles que je viens de les décrire, ne se reproduisent jamais au-delà d'un petit nombre d'années (cinq, six ou sept ans), mais la mémoire du défunt n'est pas oubliée pour cela dans sa tribu, et à certaines époques on viendra orner de banderolles neuves le *tabou* qui protége sa tombe, y suspendre des roussettes, la grande friandise calédonienne, déposer des ignames, des bananes, des cocos. Ces hommages, quelque excentriques qu'ils nous paraissent, n'en sont pas moins touchants et autrement raisonnables que les orgies dont je parlais tout à l'heure.

Les mânes des simples particuliers sont moins exigeants, et l'on pense que la destruction d'un ou deux cocotiers, ou l'incendie d'une mauvaise cabane, suffit pour les satisfaire. Les plus proches parents y joignent quelquefois la destruction de leurs étoffes et de leurs ornements.

On use, en Calédonie, de plusieurs genres de sépultures : dans certaines tribus, on a recours à l'inhumation ; dans d'autres, on n'enterre que les chefs, et les autres cadavres sont placés sur les branches des arbres ou adossés contre leur tronc dans le fond d'un bois écarté. C'est ce qui se fait à Kanala, et en général dans le sud.

Ailleurs, enfin, comme à Tiouaka, on laisse putréfier les cadavres dans des cases *ad hoc*, et on dessèche leurs os, qu'on place ensuite dans quelque anfractuosité de rochers ou dans de petits caveaux creusés à cet effet dans des lieux écartés et généralement au fond des bois. Partout on suspend au-dessus des restes mortels du guerrier ses armes favorites et ses bijoux, c'est-à-dire son casse-tête et sa lance, son bracelet et ses jarretières, à titre d'hommage, bien entendu, car on sait bien que son esprit n'en a pas besoin dans l'autre monde et ne viendra pas les prendre. Il y a, dans chaque tribu, quelque lieu exclusivement destiné à recevoir les dépouilles des morts ; c'est un lieu sacré (tabou) que nul n'a garde de profaner. La tombe d'un chef se distingue par un tertre surmonté de signes qui en font connaître la qualité. Ces signes consistent généralement en morceaux de bois sculptés. J'ai pu voir, à Ouagap, un monument de ce genre, assez remarquable pour que j'aie cru devoir en faire une courte description à propos des arts industriels (chapitre vii).

De même que, dans certaines provinces de France les vendanges donnent lieu à une fête burlesque, où les campagnards célèbrent à la fois le Dieu du vin et le *jus divin*, de même, en Nouvelle-Calédonie, la récolte de l'igname, le plus précieux des fruits, est célébrée par des réjouissances burlesques et par des orgies. Les tribus alliées donnent, chacune à son tour, la *fête des ignames*, et rivalisent pour la splendeur et la gaîté dans cette réjouissance publique. C'est le carnaval Calédonien ; il se distingue du nôtre, non par une joie plus folle et par des travestissements plus ridicules, mais par l'aptitude plus remarquable des individus à gouverner leur estomac au gré de leur gloutonnerie. Cette fête mérite d'être décrite comme type. Quand une tribu a récolté les ignames, et que c'est à son tour de recevoir les alliés, le chef leur fait une invitation qui ne manque pas d'être bien accueillie. Il a fait construire d'avance, avec un grand luxe d'architecture, des cases neuves pour les recevoir ; c'est le *village de fête*. Chacun de ses sujets a été convié à y apporter la meilleure partie de la récolte, avec adjonction de poisson. Si la chair humaine peut figurer dans les festins, la fête n'en sera que plus belle et le chef n'en sera que plus admiré. Chacun se gorge à plaisir et prend sa revanche sur les privations antérieures. L'intervalle des repas se passe en exercices militaires et en grossiers ébats; puis, quand la nuit arrive, les guerriers munis de leurs armes, barbouillés de noir au visage et à la poitrine, coiffés de leur belle toque à plumet, se rangent en cercle autour d'un grand feu et exécutent là danse de parade.

Tous brandissent leurs armes et frappent la terre du pied en cadence, en poussant des cris aigus. Les contorsions du corps les plus singulières accompagnent le jeu alternatif des bras et des jambes, qui se meuvent chez tous les exécutants avec un ensemble parfait. Un silence absolu de quelques secondes marque chacun des temps de cette danse diabolique; il est suivi d'un hurlement épouvantable sorti de toutes les poitrines ensemble, après lequel bras et jambes entrent de rechef en mouvement. Tout à coup apparaissent sur la scène quelques gens affublés d'un énorme masque en bois noirci orné d'une ébouriffante chevelure et d'une barbe à l'avenant; leur corps est couvert d'un réseau de plumes. Le masque jouant à la fois le rôle du cothurne et du masque antique les transforme en géants. Ce sont les bouffons, les clowns de la fête; à eux la spécialité des gambades grotesques et des bons mots. Quand chacun s'est pâmé de rires inextinguibles, la danse se renouvelle jusqu'à ce qu'épuisé et haletant, on demande enfin au sommeil de réparer les forces pour recommencer le lendemain sur de nouveaux frais. Les femmes ne se mêlent point à la danse des hommes ; mais comme elles ne veulent pas se priver des joies du *pilou-pilou*, elles exécutent le leur à part.

Le mot de *danse*, avec l'idée qu'il éveille à l'esprit, n'est pas capable de représenter à l'imagination l'exercice dont je veux parler. Il ne consiste qu'en mouvements successifs des hanches, de gauche à droite, et de droite à gauche, avec accompagnement de gestes, de trépignements et d'un chant doux et monotone que font entendre toutes les danseuses ensemble. Cette mimique, qui ne manque pas de grâce, a quelque chose de lascif. Il est une autre danse plus élégante, dans laquelle chaque exécutante tient dans les mains, à la manière d'un balancier, une guirlande de feuillage.

Ainsi se continuent les gloutonneries, les danses, les ébats libertins, jusqu'à ce qu'il n'y ait plus rien à manger ; alors s'en vont chacun chez eux les gens de la fête, et la tribu qui en a fait les frais aura bientôt achevé de dévorer le peu de provisions qui ont été mises de côté, et en sera réduite à des ressources précaires en attendant la récolte prochaine.

Les Néo-Calédoniens sont passionnés pour la danse, qui n'est pas seulement chez eux un divertissement vulgaire, mais qui se mêle à presque toutes les circonstances importantes de la vie publique et privée. Ainsi, c'est en formant une danse solennelle que les guerriers d'une tribu reçoivent le renfort ou la visite d'un chef allié. C'est par des danses guerrières qu'on célèbre une victoire et qu'on en perpétue le souvenir dans la tribu. Il n'est pas de fête, enfin, qui ne s'accompagne d'une exécution choréique appropriée à la circonstance. Ainsi il est une danse qui représente, par ses figures, les différents travaux agricoles. Une autre reproduit, dans ses évolutions, les différentes phases d'un combat, les scènes de carnage et de destruction qui le suivent, l'horrible festin qui le couronne. Les exécutants, imbus de leur rôle, et s'inspirant des souvenirs, semblent plutôt les héros d'une affreuse réalité que les acteurs d'une triste parodie. L'animation de la danse, l'orgie qui l'accompagne souvent, enivrent pour ainsi dire ceux qui y prennent part ; aussi, est-ce alors qu'ils décident leurs plus mauvais coups. Quand, par exemple, une guerre périlleuse est méditée depuis longtemps, mais qu'on recule de sang-froid devant elle, on organise une grande danse dans laquelle les plus bouillants champions excitent la foule par des récits, des chants, des défis; les sorciers, à leur tour, proclament leurs oracles, et la guerre est enfin décidée.

Les exercices militaires, les simulacres de combat font, ainsi que la danse, les délices des indigènes. Outre le tir au blanc, ils font ce que nous appellerions en France *la petite guerre*. Deux partis ennemis s'envoient réciproquement une grêle de lances innocentes, c'est-à-dire des morceaux de bois légers et émoussés aux extrémités que chacun a à cœur d'éviter par des prodiges de gymnastique et d'agilité. Les adversaires chargent et battent en retraite alternativement, puis enfin se mêlent, s'entrechoquent jusqu'à ce que la victoire se décide d'un côté, ou que la fatigue, terrassant l'un et l'autre parti, le combat finisse faute de combattants.

XV

RELIGION ET CULTE.

Les naturels de la Nouvelle-Calédonie ont-ils une religion et un culte? Il faut avouer qu'on pourrait vivre longtemps parmi eux sans apercevoir autre chose que ces croyances superstitieuses qui sont la pâture banale des esprits incultes en tous pays. Telle est leur croyance à des esprits fantasques et malfaisants qui se plaisent à voltiger en certains lieux pour faire peur aux passants, à s'introduire dans les habitations bien closes pour troubler le sommeil des gens paisibles ou arracher la vie aux malades, etc., etc. Ces esprits, qui ont horreur de la lumière du jour et ne tentent que des expéditions nocturnes, sont de la famille de nos *revenants*.

Mais ceux qui peuvent s'identifier à leur vie intime finissent par s'apercevoir qu'ils ont des croyances d'un ordre plus élevé; élaborations imparfaites de leur esprit borné, elles n'en constituent pas moins une religion plus avancée que le fétichisme du nègre africain et qui rappelle le *culte des ancêtres*, professé en Chine et en d'autres contrées de l'Asie orientale (1). Cette religion, qui comporte nécessairement la croyance à l'immortalité de l'âme, se traduit par un culte rendu aux esprits des aïeux et surtout aux esprits des chefs. On attribue à ces êtres immatériels le pouvoir de gouverner les éléments, de frapper les champs de stérilité ou de leur donner une fécondité merveilleuse, de fortifier le bras de celui qu'ils protégent et d'abandonner celui qui est l'objet de leur haine à sa faiblesse et aux coups de ses ennemis. Ce culte comporte des hommages rendus aux esprits qu'on honore et des ministres qui servent d'intermédiaire auprès de ces quasi-divinités. A certaines époques on se rend en des lieux connus pour le séjour habituel des esprits, et alors, dans l'obscurité d'un bois touffu, sur le champ de repos des an-

---

(1) Dumont d'Urville a trouvé les traces du même culte chez les Papous de la Nouvelle-Guinée.

cêtres, ou sur le tertre funéraire d'un chef, on fait des offrandes de fruits et de mets de toutes sortes, non pour alimenter des êtres qu'on sait être immatériels, mais pour leur rendre des hommages. — Quand les ignames sont arrivées à demi-maturité, on court aux mêmes lieux appeler la bénédiction céleste sur un produit aussi précieux. Alors se passe une cérémonie qui, par son objet, rappelle *la fête des prémices* des Israélites, et dont on trouve l'analogue chez un grand nombre de peuples et en diverses religions (1). Un vieillard, connu dans la tribu pour un familier des divinités, et jouissant à ce titre des prérogatives de grand-prêtre, fait au nom du peuple des offrandes de jeunes ignames prises dans les champs de chacun des suppliants, et il accompagne cette offrande de la prière suivante : « Esprits sacrés de nos anciens chefs, mânes vénérés de nos pères, recevez l'offrande de nos biens, donnez-nous la pluie qui féconde nos terres; faites grandir et mûrir nos fruits, répandez parmi nous l'abondance, délivrez-nous du fléau des maladies. Guidez et fortifiez nos bras; que nos ennemis tremblent à notre cri de guerre; qu'ils succombent au premier choc et nous abandonnent une proie abondante » (2).

---

(1) Cette coutume est aussi ancienne que le monde. La Bible nous apprend qu'Abel offrit au Seigneur les prémices des fruits de la terre, et Caïn les prémices de ses troupeaux.

(2) Je prie de ne pas considérer cette prière comme de pure imagination; elle m'a été communiquée, au moins pour les idées, par un

Cette fête n'est pas la seule dans laquelle on aille invoquer la protection des ancêtres ou leur faire l'hommage de quelques fruits. Le guerrier dévot qui veut se rendre invulnérable, court implorer, avant le combat, le secours de leurs bras invisibles.

Les crânes des aïeux se transmettent en certaines familles de génération en génération, gardés religieusement comme les lares protecteurs du foyer. Ce sont ceux qu'on invoque et devant lesquels on pratique diverses manœuvres superstitieuses dans toutes les circonstances où l'on désire un secours surnaturel.

Dans cette grossière ébauche de système religieux, on ne découvre aucune idée positive d'un Dieu créateur.

L'esprit de ces sauvages est-il donc incapable de déduire de la création la nécessité d'un créateur, autrement dit de s'élever de la contemplation de l'une à la connaissance de l'autre?

Quiconque connaît le Calédonien, ce grand enfant, cet esprit inculte, léger et irréfléchi, préoccupé uniquement de ses besoins matériels, ne l'imaginera jamais se pâmant d'admiration à la vue des merveilles de la nature, et, se plongeant dans des méditations profondes, formuler le fameux raisonnement par lequel Cicéron remonte à la nécessité d'un créateur. Mais ce qui frappe

---

missionnaire auquel revient l'honneur de ces observations sur le culte, le Père Vigouroux, de la mission des Ouagap ou Tiouka.

beaucoup plus le sauvage que l'existence et l'ordre ordinaire de la nature, ce sont les troubles des éléments, qui dessèchent ou inondent ses champs, ravagent ses plantations et renversent ses cabanes, répandent l'abondance ou sèment la maladie, la famine et la mort. Il n'est pas nécessaire alors d'être un esprit bien subtil pour se demander quel agent inconnu peut être la cause de tant de maux, et comment il serait possible de le conjurer. C'est ce qu'ont fait les Néo-Calédoniens, et comment ils ont imaginé des êtres mystérieux, invisibles, gouvernant les éléments. Ces êtres, ce sont les esprits des aïeux, et (ce qui est un pas de plus vers la juste connaissance de Dieu) d'autres êtres surnaturels qui n'auraient jamais vécu en chair et en os parmi eux, et auxquels ils attribuent à peu près les mêmes pouvoirs. On reconnaît même, dans certaines tribus, l'existence d'une divinité supérieure appelée *Esprit de la terre*, qui a le gouvernement suprême des éléments.

Ces esprits qui revêtent à volonté diverses formes et ne se montrent qu'aux malins et aux simples, peuvent, en somme, se classer en génies du bien et génies du mal. Les uns qui s'ébattent dans les forêts, sur le bord des ruisseaux et fontaines, et sont de l'un et de l'autre sexe indifféremment, rappellent les Faunes et les Naïades. Les autres, plus nombreux, plus redoutés, habitent les marécages et les cimetières. Par leurs fols ébats, les agaceries déplacées, les légèretés dont ils se rendent coupables, ils nous rappellent les Satyres.

La croyance à ces génies est exploitée par les sorciers, qui sont leurs familiers, obtiennent d'eux toutes sortes de faveurs, participent à leur puissance, et quelquefois font en réalité, et sous le couvert de leurs noms, de fort vilains tours. On en verra l'explication plus loin.

En résumé, les Néo-Calédoniens ont la notion d'un dieu modérateur et non celle d'un dieu créateur. Encore la première est-elle si imparfaite et si grossière, et leur esprit est-il si peu susceptible de raisonnement, qu'ils n'ont pas su déduire de cette notion l'idée de peines et de récompenses dans l'autre vie, tous devant jouir après la mort du même degré de félicité. Voici leur croyance à ce sujet : Ils doivent, après la mort, aller rejoindre les âmes de leurs ancêtres, dans quelque forêt, dans quelque île voisine, ou même dans des champs-élysées sous-marins, où les ignames et autres fruits seront en abondance, les festins quotidiens, les danses folles, les plaisirs continus. En outre, ils prendront part à la puissance des esprits des aïeux. Voilà ce qu'ils croient ou plutôt ce qu'ils imaginent vaguement. En somme, ils ont un paradis, mais point d'enfer.

> Embrassons-nous, Margot,
> Et ne damnons personne.

Cette croyance n'en est pas moins remarquable en ce qu'elle comporte l'idée de la double essence de l'homme et de l'immortalité de l'une d'elles.

Les Calédoniens ont certaines coutumes qui sont sur la limite des superstitions pures et des pratiques religieuses, car plusieurs s'accompagnent de formules de prières, ou bien ont pour sanction un châtiment mystérieux infligé par des êtres surnaturels; les autres, sans être obligatoires, sont considérées comme des pratiques agréables aux esprits, et susceptibles de gagner leur faveur.

Telles sont les ablutions, les jeûnes et les abstinences; la consécration (tabou) de la femme à certaines époques, la coutume du *tabou*, enfin, dans la plupart de ses applications, mais non dans toutes, car le tabou ne comporte parfois qu'une sanction purement profane.

Le *tabou* (défense, prohibition, chose sacrée) (1), si généralement répandu en Océanie, existe aussi en Nouvelle-Calédonie. On en use et on en abuse; une foule de choses sont le sujet du tabou. Outre qu'il implique l'application de certaines peines aux violateurs, et qu'à ce titre il varie dans sa valeur depuis la défense sous peine d'un simple châtiment corporel jusqu'à celle sous peine de mort, il comporte aussi certaines idées superstitieuses. Ainsi, le signe sacré mis sur un lieu de sépulture ne serait pas méprisé, pense-t-on, sans que

---

(1) Le même mot sert à désigner la prohibition; le signe qui l'indique et l'être ou l'objet prohibé. Dans ce cas, il est pris adjectivement : *popiné tabou*, femme prohibée, consacrée. Divers signes de convention placés sur une habitation, sur un champ, sur un arbre, etc., servent à en indiquer le *tabou*.

le transgresseur ne fût immédiatement frappé de mort par une main invisible. D'autres tabous moins sacrés, comme ceux qu'un chef ou qu'un des patriarches de la tribu a mis sur une plantation jusqu'à maturité parfaite des fruits, ne serait pas violé sans qu'une maladie ne fût la punition du sacrilége. Ceux-là mêmes qui ont déclaré le tabou n'oseraient le violer. — Il est des prohibitions moins respectées que la crainte seule du châtiment empêche de transgresser. La valeur du tabou varie suivant la valeur de la chose qu'il est destiné à faire respecter, suivant l'importance ou la considération dont jouit celui qui l'a posé, suivant son caractère, sa puissance surnaturelle supposée.

Le *tabou* est une institution excellente en elle-même, mais qui a reçu des applications vicieuses. Le tabou qui protége une plantation jusqu'à maturité parfaite des fruits rappelle le *ban des vendanges* de nos campagnes de France. La sollicitude éclairée du chef calédonien et de notre maire de village veille à l'intérêt général des administrés, et pourvoit légalement au défaut de discernement de ceux qui voudraient faire une récolte prématurée. Dans une société primitive et mal organisée, il est fort heureux que les choses et les personnes qui ont besoin de protection se trouvent placées sous l'égide d'un protecteur mystérieux, armé d'une main de justice à la fois religieuse et civile, et tout autrement terrible et clairvoyant que le commissaire de police et les gendarmes.

Ici ce sont les mœurs, le préjugé, si l'on veut, qui suppléent à l'insuffisance des lois et des moyens de police. Le gouvernement et les gouvernés n'y perdent rien, car il y a au moins économie.

Expliquons quelques usages du tabou.

La femme est séparée du monde pendant la période cataméniale et pendant ses couches. Elle est alors *tabou*, considérée comme impure. Tout ce qu'elle touche est souillé, et ne cessera de l'être, aussi bien qu'elle-même, que quand la période étant terminée, des ablutions faites suivant certaines formules et avec certaines herbes les auront purifiés. Aux abords de chaque village est une case spécialement réservée aux femmes qui subissent l'accident critique mensuel. Une autre case, également isolée, est réservée à celles qui sont en couches ; elles y restent confinées pendant un certain nombre de jours encore après leur délivrance sans communication avec aucun homme, pas même avec leurs maris (1). Le père n'assiste pas à la naissance de son enfant ; il en est instruit par une des femmes qui ont assisté l'accouchée, et il croit sur parole.

Celui qui violerait sciemment le tabou, encourrait

---

(1) Ces pratiques rappellent celles des juifs :

« La femme qui souffre ce qui, dans l'ordre de la nature, arrive chaque mois, est séparée pendant sept jours. » (*Lévitique*, chap. xv, verset 19.) — « Si une femme ayant usé du mariage enfante un mâle, elle sera impure pendant sept jours..., si elle enfante une fille, elle sera impure pendant deux semaines. » (*Lévitique*, chap. xiv.)

une mort plus ou moins prochaine, et celui-là même qui le viole par ignorance ou par accident, doit faire, dès qu'il s'en aperçoit ou qu'il en est prévenu, des ablutions suivant la forme prescrite en pareil cas, heureux si même alors il peut détourner les coups qui le menacent (1) !

Peu de temps après ses couches, la femme rentre au domicile conjugal, mais n'a aucune relation avec son mari tant que dure l'allaitement, pas plus qu'elle n'en a eu pendant sa grossesse, ce qui dépasse de beaucoup les rigueurs de la loi mosaïque. « Le mal est à la limite du bien, » dit-on. Nulle part, cet adage n'est plus vrai que dans une société de gens qui ne sont point guidés par le jugement. On ne saurait nier que l'abstinence conjugale, telle qu'elle est prescrite dans le Lévitique, ne soit chose louable et hygiéniquement utile, mais elle devient aussi absurde que pernicieuse à la propagation de l'espèce, quand elle est gardée aussi longtemps que le font les Calédoniens, car elle dure pendant toute la grossesse et toute la durée de l'allaitement, c'est-à-dire quatre ou cinq années consécutives. Cette continence est rigoureusement observée, parce qu'elle est consacrée par le *tabou*, la plus sacrée, la plus inviolable coutume calédonienne. Elle justifie, et je dirai même nécessite la polygamie. Loin de considérer celle-ci comme fatale à la population du pays, ainsi

---

(1) Voyez Lévitique, chap. 12, 15, 21.

que l'a si spirituellement établi Montesquieu à l'égard des pays Ottomans, il est rationnel de la considérer comme une institution sage et salutaire chez les Calédoniens *dans l'état actuel de leurs mœurs et de leurs idées*. Je dirai plus, c'est qu'il est à regretter qu'elle ne puisse être plus répandue parmi eux, car le libertinage y perdrait un de ses plus puissants mobiles. On comprend, en effet, qu'un particulier dont la femme unique est *tabou*, ne s'engage pas pour cela à vivre en anachorète, et qu'il se met en quête de celles qui ne le sont point.

Voici d'autres coutumes superstitieuses :

Tout individu de l'un ou l'autre sexe doit, en perdant sa robe d'innocence, boire une eau préparée par un sorcier, *secundum artem*, et dite *Eau des vierges*.

Tout individu qui a touché un cadavre (ceux tués dans les combats, ceux dont on mange la chair font exception) ou seulement participé indirectement à sa sépulture, est souillé et ne cessera de l'être qu'après certaines ablutions. La cérémonie purificatrice se fait dans un lieu écarté sur les bords d'un ruisseau et sous la direction d'un sorcier-prêtre (1).

La fête de la circoncision rentre-t-elle dans le rituel des superstitions? Je ne le crois pas; et je pense que

---

(1) Toucher un cadavre était, chez les juifs, une impureté légale qui réclamait purification.

On sait que les ablutions religieuses ne sont pas propres aux juifs et aux mahométans qui les leur ont empruntées ; elles sont pratiquées de les indigènes n'y attachent pas plus d'importance qu'à celle de l'investiture de la première culotte.

Les indigène ont, dans leur religion, des jours de jeûne et d'abstinence plus rigoureux et mieux observés que ne le sont généralement les nôtres ; à la vérité, le jeûne est rare, mais l'abstinence ne l'est pas. Ils entendent celle-ci à un autre point de vue que nous, car c'est l'*abstinence conjugale* qu'ils pratiquent.

Le guerrier ne manquera jamais de l'observer la veille de l'entrée en campagne, car il a bonne intention de survivre et de vaincre, et pour cela il doit plaire à ses Génies protecteurs.

Il observe la même continence le jour qui précède la plantation des ignames, sans doute pour appeler la bénédiction céleste sur une entreprise d'où résultera l'abondance en cas de succès, ou la famine en cas d'insuccès.

La mort d'un chef étant une calamité publique, le deuil doit être aussi profond que général, et au lieu de s'arrêter à la doublure de l'habit, il pénètre jusqu'à l'intimité de la couche conjugale. Ce deuil dure depuis le jour du décès jusqu'à la fête commémorative qui a lieu quinze jours ou un mois après. — Convenons qu'en Europe plus d'un loyal sujet s'accommoderait mal d'un

---

temps immémorial par les Hindous ; elles étaient usitées chez les Romains avant et après le sacrifice ; le nègre de Guinée les pratique avant d'adorer ses fétiches.

deuil de cette façon, et que le crêpe et l'oraison funèbre sont plus de son goût (1).

XVI

SORCIERS ET SORCELLERIES

Les croyances des Néo-Calédoniens ont quelque chose de vague et d'indécis, comme leur esprit lui-même; aussi, des opinions religieuses aux idées grossièrement superstitieuses il n'y a qu'un pas pour eux.

Ce grand ministre du culte, qu'on a vu jouer le rôle de sacrificateur dans l'offrande des prémices de la terre, n'est qu'un sorcier élevé à la première puissance; mais autour de cet astre, constellent nombre de sorciers secondaires, car l'engeance en pullule, comme dans toutes les sociétés barbares. Ces heureux mortels, tous plus ou moins en rapport avec des divinités quelconques, participent de la puissance surnaturelle des êtres dont ils sont les familiers. A eux le pouvoir de déterminer la pluie et le beau temps, la santé et la ma-

(1) Aujourd'hui un certain nombre d'indigènes sont chrétiens mais les neuf dixièmes de la population sont encore païens.

ladie. Tous ne jouissent pas d'une puissance égale, et de même qu'il y a une aristocratie dans ce bas monde, il y en a une aussi dans le monde invisible, et ceux qui n'ont d'accointance qu'avec quelque roturier de ce monde-là, ne jouissent que d'une mince puissance, et, partant, d'une mince considération. Loin d'être vénérés et inviolables comme de plus puissants et de plus habiles, gare à eux quand arrive une calamité publique. Ils sont reconnus à tort ou à raison pour faire leur spécialité des maléfices, et s'ils sont jamais soupçonnés d'avoir causé la mort de quelque personnage important, ils seront impitoyablement massacrés. On compte des sorciers dans les deux sexes, mais les femmes vieilles et laides ont le plus de chances de servir de bouc émissaire, car elles sont considérées comme d'autant plus terribles qu'elles cachent leur art avec plus de soin ; et quand une calamité publique viendra frapper la tribu, elles auront beau protester de leur ignorance, elles seront déclarées *sorcières malgré elles*, et, comme telles massacrées. Leur meurtre, en pareil cas, est considéré comme un bienfait public, et celui qui l'a consommé a bien mérité de la nation. Depuis l'occupation française, un de ces prétendus bienfaiteurs a été déporté à Taïti. Tout en tournant en ridicule les préjugés de ces pauvres sauvages, il faut pourtant reconnaître qu'ils ont quelque fondement, car il est parmi eux des gens habiles à donner la mort sourdement pour satisfaire une vengeance ou un intérêt cupide. Ils savent glisser adroitement dans la marmite de l'individu qu'ils veulent sacrifier une bonne dose de poison que la nature leur a mis sous la main dans les végétaux dont j'ai précédemment donné la liste; ou bien sous le spécieux prétexte de médicamenter et de guérir ils empoisonnent. Ainsi, dans la liste des plantes employées dans la médecine indigène, et que j'ai donnée dans le chapitre iv du livre Ier, on a pu remarquer plusieurs végétaux toxicophores comme le cerbera manghas, l'ocrosia elliptica, le rhusatra, une euphorbe et la liane du genre desmodium. Comme les Esculapes calédoniens font un secret de la préparation de leurs drogues, quelles qu'elles soient, rien n'est plus facile à ceux qui ont la turpitude de se faire empoisonneur à l'occasion, de cacher leur jeu criminel; nul ne songe à se méfier de leur mystère qui est habituel. Je me rappellerai longtemps l'adepte qui m'initia, sinon aux secrets de son art, du moins à la connaissance des végétaux où il puisait ses drogues. Dieu me garde de porter sur lui un jugement téméraire et de le ranger dans la classe des empoisonneurs! Il possédait bien, à vrai dire, quelques drogues fort suspectes; mais je dois croire qu'il n'en usait que d'une façon inoffensive, et qu'il savait en tirer parti pour procurer la santé et non la mort.

C'était un vieillard vénérable en grand renom dans sa tribu. La gravité de sa physionomie, la sobriété de son langage, la solennité de son maintien, sa barbe blanche, longue d'un demi-mètre et tressée comme une nate de cheveux, l'édifice pyramidal qui lui couronnait le chef à peu près comme le bonnet de *Sganarelle médecin malgré lui*, tout concourait à faire de cet homme un personnage extraordinaire. Son grand âge, sa renommée, la vaste expérience que je devais lui supposer m'avaient, dès les premiers jours, inspiré le désir d'entrer en relation avec lui. Deux années durant, je lui fis ma cour. En vain essayais-je de sonder ce puits de science, je n'en pouvais rien tirer. « Pas de fond, me dis-je enfin, c'est une caverne vide, il faut sonder ailleurs. »

Quelques mois après, à la veille de partir pour la France, j'eus occasion de revoir cet homme et, en qualité d'ancienne connaissance, je lui fis mon présent d'adieu : des pipes et du tabac. Mon vieil ami parut vivement touché de cette offrande désintéressée, sa figure impassible se dérida, il me serra la main et, d'un air mystérieux, il me montra le soleil au zénith ; puis, décrivant avec le bras un arc de cercle vers le couchant, il me dit, dans le jargon anglais familier aux indigènes de plusieurs tribus : *When sun there, come here* (1). Je n'eus garde de manquer à un rendez-vous qui m'intriguait vivement, et au soleil couchant je trouvai le vieil Esculape seul dans sa cabane, accroupi près d'un tison et fumant nonchalamment la pipe. Il sourit comme un homme qui prépare

---

(1) « When the sun will be there come here. » Quand le soleil sera là, viens ici.

une heureuse surprise et tira d'un coin de sa case un fagot de feuillage soigneusement enveloppé dans des feuilles de bananier. C'étaient les plantes dont il composait ses remèdes, et qu'il me laissa non sans peine emporter (1).

Les sorciers sont nombreux, et comme il faut bien que chacun vive, chacun a sa petite spécialité et n'empiète pas sur celle de son confrère. Ainsi, il y a des jongleurs, des pythons, des prieurs, des évocateurs, etc. Les plus roués et les mieux payés sont ceux qui font profession d'enlever les sorts ; ce sont les jongleurs. Telle était la vieille qu'on a vue paraître au lit de mort du chef de l'île des Pins, et dont j'ai raconté le joli tour de passe-passe. Ce sont encore les jongleurs et les pythons qui, sachant prédire l'issue des guerres et des événements d'intérêt public, sont consultés avant toute détermination importante. Si je ne craignais de déplaire aux lecteurs sérieux par la prodigalité des détails et l'abus de l'anecdote, je représenterais une de ces séances où un grand chef, entouré de ses sénateurs, prend conseil d'un sorcier qui, après avoir sucé la tête, soit disant le venin d'un énorme lézard (gecko), se livre à un dévergondage de paroles que n'eût pas désavoué la pythonisse la plus extravagante de l'antiquité.

Les Calédoniens ont la foi la plus robuste dans les facultés surnaturelles de leurs artistes en magie noire

---

(1) Voyez leur énumération au chapitre IV du livre Ier.

et blanche. Qu'on me permette l'anecdote suivante comme preuve à l'appui.

Me promenant un jour dans les montagnes de Bélep, je remarquai sur une crête, plus propre à servir de gîte à des chèvres qu'à des hommes, de petites cabanes solidement fixées par des câbles à des pieux plantés en terre, d'autres étaient en construction. Il régnait sur ces hauteurs une activité prodigieuse. — « Qu'est-ce cela? dis-je à mon guide. — Ce sont les cases qu'on habitera pendant la tempête ; chaque famille construit la sienne dans les montagnes pour cette occasion. — De quelle tempête veux-tu parler? — Ah ! *Oui-Oui*, tu n'es pas au courant des affaires. Eh ! bien, le fils du grand sorcier de l'air, de celui qui commande aux vents, est mort, et, à cette occasion, le père a annoncé pour après-demain une affreuse tempête ; la mer sortira de son lit et envahira les cabanes qui sont sur le rivage, voilà pourquoi leurs habitants préparent les demeures provisoires que tu vois. Quand l'ouragan sera passé, on reviendra s'établir sur le bord de la mer. En attendant, nous faisons ripaille, nous mangeons tout ce qui ne peut pas être emporté là-haut. » Au retour de ma promenade, je voulus connaître le magicien capable de si belles choses, et l'on me conduisit à un vieux cul-de-jatte dont l'infirmité avait sans doute fondé la puissance sur l'esprit de ses compatriotes, car tout ce qui est en dehors des lois ordinaires de la nature les frappe d'étonnement et de crainte. Au jour fixé pour la tempête, il y eut calme plat, ce qui n'embarrassa que médiocrement le prophète. Il s'en tira comme tous ses collègues en pareille circonstance, par une gasconnade. « J'ai bien travaillé, bien prié mes génies, dit-il, et j'aurais infailliblement réussi si des esprits ennemis des miens n'avaient paralysé mes efforts et ma besogne. Ces Oui-Oui qui viennent d'arriver sur leur navire et que la tempête n'eût point accommodés, ont machiné de toutes leurs forces avec leurs génies. » Or, qui ne sait que deux forces égales et contraires se font équilibre, et quel est le Calédonien d'esprit assez rébarbatif pour ne pas se contenter d'une aussi lucide explication et ne pas garder sa foi aussi robuste que jamais ?

Une des branches d'industrie des sorciers est la confection des talismans dont les Calédoniens sont grands amateurs. On les compose avec des herbes, des écorces, des pierres taillées d'une certaine façon, etc., etc. Le guerrier ne s'exposera jamais aux chances du combat sans un talisman roulé dans son écharpe. On n'entre pas dans un cimetière sans se munir d'amulettes. Avant de procéder à la plantation d'un champ, on enfouit dans un coin de ce champ quelques objets dont la vertu est de lui procurer la fécondité qu'on désire. Les mêmes artistes préparent les eaux lustrales pour les femmes, pour les personnes qui ont subi une souillure quelconque, et cette fameuse eau des vierges dont il a été parlé.

Bref, cette classe de sorciers ne manque pas de besogne, et les produits de son industrie jouissent des propriétés les plus diverses, jusqu'à celles attribuées à la fontaine de Jouvence ou à l'élixir de longue vie.

J'entrai un jour avec le père R... dans une des cases de Balade. Ce missionnaire y trouvant un vieillard qu'il croyait mort depuis longtemps, lui fit compliment sur son heureuse vieillesse. « — Oh ! c'est que je travaille de façon à ne pas me laisser mourir, » répondit d'un air d'importance le bonhomme, qui passait en effet pour le plus grand sorcier de sa tribu, et il nous montra du doigt des amulettes pendues dans sa cabane. Sur ce, il présenta sa pipe, comme tout Calédonien qui a daigné vous faire une réponse instructive, non pas pour l'offrir et vous la faire fumer, mais pour se la faire garnir. Tout service rendu mérite récompense ; telle est leur opinion. Les *prieurs* parmi lesquels se rangent les fabricants d'amulettes et d'eau lustrale, car ils communiquent la vertu à leur marchandise moyennant certaines formules de prières et quelques mômeries ; les prieurs, dis-je, ont quelquefois des prétentions plus ambitieuses, comme de faire le vent, le soleil et la pluie. Tel était le cul-de-jatte de Bélep. — Pour faire briller le soleil, on grille certaines herbes et on se couche sur le ventre jusqu'à ce que le soleil paraisse. Comme le ciel est ordinairement fort pur et que le soleil ne s'obscurcit jamais pour longtemps, on ne risque pas de rester trop longtemps sur le ventre ; d'ailleurs les Calédoniens ne dédaignent pas cette position. — Il serait puéril de mentionner tous les procédés en usage pour gouverner le temps ou obtenir tout autre résultat désiré ; ils varient d'ailleurs à l'infini.

Les *évocateurs* entretiennent les morts et les esprits en général. Ce sont eux qui ont la spécialité de la cure de ce singulier délire dont j'ai donné la description au chapitre II du livre II ; ce sont eux qui, sous le couvert du nom de leurs patrons, commettent avec les filles, dans le fond des bois, des légèretés impardonnables ; ce sont eux encore qui font entendre des voix mystérieuses et formidables durant la nuit, dans la profondeur des bois et des marécages ou près des habitations isolées, etc., etc. Ils évoquent les esprits pour proclamer des oracles, pour savoir la cause de tel ou tel événement, etc.

Une des plus singulières pratiques superstitieuses est la suivante : Qu'un chef soit malade ou que toute autre calamité publique frappe la tribu, on avise une des plus belles filles du pays, on la couche sur le ventre et on la fesse le plus sérieusement du monde (1). Cette bizarre exécution part probablement d'une opinion aussi ancienne que les hommes et admise dans presque toutes les religions, c'est qu'on peut apaiser le courroux du ciel par une *expiation* dont la victime n'est pas la personne qui a encouru la haine de la divinité.

---

(1) Autrefois, dans la marine, les vieux matelots fouettaient les mousses pour faire venir le vent.

Terminons ce chapitre, qui serait déjà trop long s'il n'était instructif d'étudier l'homme même dans ses plus grossières erreurs, et, pour en finir avec les sorciers, disons qu'ils forment une véritable caste. Il en doit nécessairement être ainsi, car comme la profession est fort lucrative et que pour l'exercer avec avantage, il faut connaître la rubrique ou le tour de main, elle se transmet de père en fils, ce qui constitue véritablement une caste. — Il n'est pas mal, dans cette profession, d'avoir une infirmité naturelle, elle augmente singulièrement le prestige de l'individu. On connaît le cul-de-jatte de Bélep ; le chef de la même tribu, grâce à un doigt surnuméraire qu'il porte à l'une des mains, passe pour un sorcier émérite. On est convaincu, je ne sais comment, qu'il jouit du singulier privilége de marcher sur l'eau ; il a beau s'en défendre, aujourd'hui qu'il est chrétien, on y croit d'autant plus qu'il veut cacher son jeu. Pauvres sauvages ! et quel animal raisonneur plutôt que raisonnable que cet homme qui a eu l'audace de nous dire que « l'homme qui pense, c'est-à-dire qui raisonne, est un animal dépravé (1). »

---

(1) J.-J. Rousseau. — Il a heureusement d'autres titres à la reconnaissance de la postérité.

XVII

RÉFLEXIONS SUR L'ORIGINE DES NÉO-CALÉDONIENS. — SUR L'AN-
THROPOPHAGIE. — SUR LA POPULATION.

Quand j'ai signalé, dans les précédents chapitres, quelques analogies entre les croyances et les coutumes des Néo-Calédoniens et celles des peuples de l'Orient, notamment des Hébreux, je n'ai prétendu les noter que comme curieuses et je me donnerais bien garde d'en tirer aucune induction sur l'origine du peuple dont j'ai essayé d'esquisser l'histoire. Sous prétexte que les Néo-Calédoniens pratiquent la circoncision ou du moins une opération analogue, je ne les ferais point descendre d'Abraham en ligne directe ou indirecte; non plus que j'éprouve la moindre tendance à faire remonter leur souche aux Romains, sous prétexte que le père emploie chez eux le même signe pour montrer qu'il reconnaît l'enfant que sa femme vient de lui donner.

Nous avions d'abord songé à mettre en notes toutes les analogies de coutumes, d'institutions, de croyances qu'on rencontre à la fois chez les indigènes de la Nouvelle-Calédonie et chez les autres peuples anciens et modernes. Nous espérions que cette étude pourrait nous conduire à des inductions légitimes sur leur véritable origine; mais nous avons trouvé tant et tant d'analogies avec les peuples les plus étrangers les uns aux autres, et habitant les quatre points cardinaux du globe, que les notes eussent été aussi considérables que le texte. Nous avons cru devoir renoncer à cette idée, qui ne nous offrait d'autre avantage qu'un curieux galimatias d'où sortaient les ténèbres plutôt qu'il n'en jaillissait la lumière.

Ce serait chose frivole, à mon avis, que de vouloir résoudre la question d'origine des Néo-Calédoniens par la seule analogie des coutumes, des croyances et des institutions; parce qu'elles doivent naître des conditions matérielles où les peuples sont placés et de l'état de sociabilité où ils se trouvent.

L'état barbare laisse à l'homme ses mauvais instincts, ses penchants d'enfant, l'ignorance, les préjugés, les superstitions. Et comme l'esprit humain use dans ses opérations de procédés définis et partout identiques, il faut bien que les idées, les institutions et les coutumes qui se développent dans le même milieu et sous l'influence des mêmes conditions, se ressemblent dans tous les temps et dans tous les lieux.

Donc, de ce qu'on trouve chez des peuplades barbares anciennes et modernes, de l'ancien et du nouveau monde, des coutumes et des institutions semblables, il serait peu logique d'en conclure qu'elles-aient même origine ou même qu'elles aient eu à une époque quelconque des rapports entr'elles.

Par exemple, le sauvage que frappe le bruit du tonnerre, qu'épouvante le désastre de ses habitations et de ses champs ravagés par un ouragan ou une inondation, songera partout à conjurer l'auteur invisible de ces phénomènes extraordinaires, et l'idée de l'offrande ou du sacrifice lui viendra naturellement.

L'idée de souillure entraîne après elle celle d'ablution ; le danger ou le dégoût d'une maladie, l'idée de séquestration de l'individu qui en souffre, etc.

De toutes les coutumes calédoniennes, il n'en est pas qui ait causé plus d'étonnement et provoqué plus de suppositions bizarres que la *circoncision*.

Je dois tout d'abord faire observer que ce terme vicieusement employé crée une fausse identité entre l'opération des Hébreux et d'autres asiatiques et celle que subissent les Néo-Calédoniens. C'est l'*incision* que ceux-ci pratiquent et beaucoup s'en dispensent. D'ailleurs des raisons de sensualité, à défaut de raisons hygiéniques qui leur sont plus étrangères, ont pu leur faire naître l'idée d'instituer cette coutume comme symbole de la puberté. On sait, en effet, qu'ils attendent, pour pratiquer l'opération, l'époque où elle ne peut tarder d'être utile à l'individu. Ou je me trompe fort, ou la solution de la question qui nous occupe doit être cherchée principalement (sans négliger complètement les mœurs et les institutions) dans les caractères anthropologiques purs et dans la langue.

Or, une pareille étude, surtout en ce qui concerne la linguistique, est une tâche trop au-dessus de nos faibles talents pour que nous osions l'entreprendre, et ce que nous avons à dire de plus clair sur l'origine des Néo-Calédoniens, c'est que nous ne la connaissons pas. Nous nous permettrons cependant d'émettre une hypothèse qui nous semble plus probable que toute autre.

Un ingénieux voyageur, M. de Rienzi (1), a désigné l'île de Bornéo comme le berceau commun à tous les noirs océaniens. De là ils se seraient répandus de proche en proche dans les lieux où nous les voyons aujourd'hui. Leur mélange avec des races préexistantes ou plus récemment venues aurait créé les variétés qu'on remarque dans les diffrentes îles de la Mélanésie.

Les noirs n'habitent pas seulement les grandes îles voisines de l'Asie, en peut les suivre de proche en proche jusque sur ce continent, laboratoire universel de tout le genre humain. « On assure qu'il existe dans les montagnes de la Cochinchine et du Laos une nation sauvage noire, qui paraît avoir des rapports avec les Ygorottes des îles Philippines et avec les autres noirs épars dans la Malaisie (2). »

Ce que l'on peut affirmer, c'est que les Néo-Calédoniens ont de grandes analogies physiques avec les Papouas de la Nouvelle-Guinée et des îles de la Sonde,

---

(1) *Univers pittoresque*, *Océanie*, par M. de Rienzi.
(2) Malte-Brun, *Géographie universelle*, tome V.

plus qu'avec tout autre peuple de l'ancien et du nouveau continent.

Pour moi, la Nouvelle-Calédonie a reçu sa population de diverses sources. Les Papouas et d'autres peuplades noires des îles de l'Asie australe ont pu y arriver, tout comme la race jaune polynésienne y a envoyé elle-même des colonies. C'est un fait qu'on ne peut nier puisque nous en avons un exemple contemporain dans l'émigration des Ouvéas dont j'ai déjà parlé. Les Tongiens vont dans leurs grandes pirogues jusqu'aux îles Fidjis, et même jusqu'aux Nouvelles-Hébrides, à quelques lieues de la Nouvelle-Calédonie. Rien d'impossible qu'eux et d'autres sauvages navigateurs comme eux y aient été conduits par le hasard ou la tempête à des époques quelconques.

Du mélange de toutes ces races, noires et jaunes, est sortie la variété calédonienne, où l'on reconnaît encore aujourd'hui des échantillons se rapprochant plus ou moins des Endamènes, des Papouas, des Polynésiens; absolument comme chez les Français on peut encore distinguer les fils des Celtes, des Romains, des Germains (1).

Mais laissons ce sujet de pure curiosité scientifique, sur lequel nous ne pouvons d'ailleurs fournir que des hypothèses.

---

(1) La distinction des races n'est pas plus tranchée que cela. Seulement sur la côte orientale les métis de jaunes et de noirs se montrent plus en relief, par les raisons que j'ai fait connaître au chapitre i du livre ii,

Voici venir une question que je n'aborde qu'avec horreur et pour laquelle je n'ai pu trouver de place dans les études qui précèdent; je veux parler de l'anthropophagie.

Ce n'est pas la disette qui pousse les Néo-Calédoniens au cannibalisme, puisqu'ils ne s'y livrent pas plus au temps de la famine qu'aux époques d'abondance ; ce n'est pas non plus le délire de la haine et de la fureur comme chez les Américains, puisque ce n'est pas seulement en guerre qu'ils satisfont leur horrible passion, et puisqu'ils commettent des meurtres de sang-froid pour l'assouvir. Ce n'est pas la superstition, comme chez les Néo-Zélandais, qui dévorent le cœur d'un ennemi pour entretenir et augmenter leur courage. Ce n'est pas, enfin, la religion comme chez les anciens Mexicains, qui mangeaient la chair des victimes humaines qu'ils offraient à leurs sanguinaires divinités.

Les Néo-Calédoniens ne mangent pas seulement leurs ennemis, puisqu'on a vu des chefs sacrifier des sujets de basse condition pour les manger et partager leur horrible festin avec des amis. D'ailleurs ils ont souvent entrepris la guerre dans le but prémédité de se repaître de chair et non pas d'assouvir une vengeance.

Le cannibalisme est donc bien véritablement chez

---

lequel avait été publié, soit dit en passant, dans le numéro de novembre 1859 de la *Revue Algérienne et Coloniale*, et dans les numéros du 30 avril et du 7 mai de la *Gazette médicale* de Paris, bien avant que la même question ait été soumise à l'Académie des sciences.

eux une affaire de goût et d'instinct dont ils ne soupçonnaient pas l'horreur avant leur commerce fréquent avec les Européens. Qu'ils crussent faire alors une action très-légitime, ce n'est pas ce que je veux dire, mais la faute ne leur paraissait résider que dans l'injustice et dans le meurtre ; et l'anthropophagie ne révoltait point chez eux un sentiment commun à presque tous les hommes, même aux peuples barbares.

D'où peut naître cette perversion, non seulement de l'esprit, mais des instincts naturels à l'homme? Comment ces gens ont-ils pu usurper les instincts des bêtes féroces, des animaux dépourvus de sentiment et de raison?

La science nous apprend que l'homme a besoin pour vivre de deux sortes d'aliments, les uns destinés à fournir les éléments du sang, les autres à entretenir la respiration. Les premiers nous sont fournis surtout par la chair des animaux, les seconds par les végétaux.

Le sauvage réduit à faire sa nourriture presqu'exclusivement de racines et de fruits n'absorbe, sous un énorme volume, qu'une faible proportion de substances sanguifiables.

Sans doute l'entretien de la vie n'est pas impossible avec le régime exclusivement végétal, et les indigènes savent y joindre d'ailleurs les ressources de la pêche, mais l'instinct de la conservation qui nous dirige par l'appétence dans le choix de nos aliments, leur fait sentir les merveilleuses propriétés de la chair (de la viande surtout) pour l'entretien et la réparation des forces.

Voilà pourquoi je me demande si leur horrible passion, qui bouleverse à tel point les idées de l'homme policé, qu'il a peine à y croire, est uniquement l'effet d'un penchant vicieux, d'une dépravation morale, ou si un besoin matériel et puissant n'y pousse pas le malheureux sauvage confiné dans une île dépourvue de mammifères terrestres.

Qu'il lui soit possible de résister à cette impulsion, cela ne fait aucun doute ; ce sont les causes premières et non l'excuse du cannibalisme que j'essaie d'établir.

J'ai vu les Patagons chasseurs, qui ne trouvent dans des quartiers de venaison presque dépourvus de graisse que des quantités minimes d'aliment respiratoire, je les ai vus avides de farine, de biscuit, de pain, rechercher ces aliments avec la même passion que les Néo-Calédoniens recherchent la chair. Je les ai vus s'abreuver d'huile de phoque pour fournir du combustible au foyer pulmonaire, qui consume la propre substance de l'individu à défaut d'aliment hydro-carboné.

Voilà la contre partie de la conduite des Néo-Calédoniens.

En vain m'objecterait-on que ceux-ci élèvent des volailles et des porcs dont ils profitent peu ou point, préférant les échanger contre des bagatelles. Les personnes qui ont vécu en Nouvelle-Calédonie seraient peu disposées à faire cette objection parce qu'elles savent la véritable raison qui les empêche d'en profiter. C'est qu'ils n'en ont qu'un très-petit nombre, et que leur stupide coutume qui les oblige de partager avec tous ceux qui se présentent un mets d'autant plus recherché qu'il est plus précieux, fait que celui qui mettrait la poule au pot n'en pourrait garder qu'une bouchée. Ils préfèrent donc la vendre pour un objet qui ne se partagera pas et dont ils pourront profiter.

Que les chefs, qui sont pourtant les mieux nourris, soient plus cannibales que les autres, cela vient tout simplement que, comme en tous pays du monde, les princes se permettent des licences dont les petits sont obligés de s'abstenir ; la licence est un peu plus forte qu'ailleurs, voilà tout. Et quand les petits peuvent le faire comme les grands, ils ne restent pas en arrière.

Bref, la question du cannibalisme est extrêmement complexe ; la barbarie des mœurs, la férocité naturelle à l'homme dans l'état de nature, les passions, y ont, à coup sûr, une large part, et ceux qui s'y livrent sont certainement responsables de leurs actes ; mais la cause première, matérielle, fatale, chez les Néo-Calédoniens, me semble être celle que j'ai indiquée sous toutes réserves : l'absence de mammifères en leur pays.

Nous allons nous permettre quelques réflexions sur la population de la Nouvelle-Calédonie, sur son avenir, sur le parti qu'en peut tirer la métropole au point de vue de la colonisation.

Le lecteur, instruit maintenant des conditions physiques et morales de l'existence des Néo-Calédoniens, peut s'expliquer la faiblesse numérique de la population. Diverses causes, plus ou moins puissantes, concourent à la resserrer dans ses étroites proportions. Il faut accuser d'abord, et en thèse générale, *l'état barbare*. Nul n'ignore que l'accroissement d'une population marche ordinairement de pair avec les progrès des lumières et de la civilisation. C'est ce que nous voyons d'une manière frappante en France depuis la révolution.

Les autres causes découlent naturellement, pour la plupart, de la cause générale que nous venons d'indiquer. Ce sont :

Les guerres, moins meurtrières par le sang versé que par la disette qui les suit;

La misère habituelle, même indépendamment de l'état de guerre, et qui est due à l'imprévoyance autant qu'à la nonchalance des indigènes.

Le libertinage des hommes, en ce qui concerne ce vice hideux qui prétend faire des femmes des meubles inutiles, et celui des femmes pendant leur jeunesse aux dépens de leur fécondité dans l'état de mariage. Comptez les prostituées fécondes; combien en trouverez-vous?

La durée abusive de l'allaitement, qui met obstacle à la fécondation pendant des quatre et cinq années consécutives ;

L'avortement provoqué surtout chez les filles ;

Les coutumes superstitieuses, stupides, qui soustraient la femme à ses fonctions naturelles pendant un temps considérable au total.

Sans prétendre au don de prophétie, il nous est peut-

être permis de rechercher quel est l'avenir probable de
ce peuple intéressant, quoique vicieux, qu'on commence par mépriser et haïr, et qu'on finit par plaindre
et presque par aimer.

Aura-t-il le même sort que les tribus indiennes de l'Amérique du nord et que les hordes abruties de l'Australie anglaise? J'ose espérer que non, parce qu'il est dans
des conditions et des dispositions tout à fait différentes.

Reconnaissons d'abord ce fait que toute horde barbare qui vient à se rencontrer avec un peuple civilisé,
doit se civiliser elle-même ou disparaître. Si, en effet,
elle refuse de s'initier aux arts, à l'industrie, aux vertus
de la civilisation tout en lui empruntant ses vices qui
la séduisent de prime-abord, elle est d'abord affamée
par la population exubérante qui vient se placer sur
son territoire, car elle ne compense pas, par des efforts
d'industrie et de travail, ce qu'elle a perdu par l'arrivée des étrangers. En second lieu, des luttes incessantes
s'engagent entre des voisins si différents de mœurs et
d'intérêts, et elles sont toujours, en définitive, au désavantage du barbare. Enfin elle reçoit du nouveau venu
des éléments de destruction nouveaux, telles que liqueurs alcooliques, armes à feu, maladie. Elle doit donc
mourir à petit feu ou s'éloigner, et même, en s'éloignant, elle ne fait que retarder sa fin. C'est précisément
ce qui est arrivé dans l'Amérique du nord et en Australie. Il avait bien compris la nécessité de s'initier à
l'industrie des Européens et de les imiter, ce chef amé-

ricain qui disait à sa tribu : « Ne voyez-vous pas que les blancs vivent de grains, tandis que nous ne vivons que de viande? Que la viande exige plus de trente mois pour pousser et qu'elle est souvent rare? Que chacun des grains merveilleux qu'ils sèment dans la terre leur rend plus du centuple? Que la viande a quatre jambes pour s'échapper, tandis que nous n'en avons que deux pour l'attraper? Que les grains restent et poussent là où les blancs les sèment? Que l'hiver, qui est pour nous le temps des chasses pénibles, est pour eux le temps du repos? C'est pour cela qu'ils ont tant d'enfants et vivent plus longtemps que nous. Je le dis donc à tous ceux qui m'entendent, avant que les arbres qui ombragent nos cabanes aient péri de vieillesse, avant que les érables de la vallée cessent de donner du sucre, la race des petits semeurs de blé extirpera la race des mangeurs de viande, si ces chasseurs ne se décident pas à semer! »

C'est, en effet, pour les peuples chasseurs que le voisinage du blanc est terrible. Le défricheur, qui abat les bois, transforme la terre, répand ses troupeaux sur une vaste étendue, fait fuir bien loin les animaux de chasse qui fournissaient à la nourriture du sauvage. Voilà donc celui-ci affamé et obligé de fuir lui-même à la piste du gibier; mais en s'éloignant il emporte le germe de maladies nouvelles et terribles, des armes à feu pour détruire ses semblables dans des luttes intestines, des besoins nouveaux et factices, quelquefois meurtriers comme la passion de l'eau-de-vie. Puis les pionniers, les squatters ouvrent des voies nouvelles dans la forêt, tracent de nouveaux sentiers dans la pampa ; c'est l'avant-garde des blancs qui s'avancent, gagnent du terrain peu à peu, et se heurtent de nouveau contre le sauvage, bientôt réduit à décamper pour la seconde fois. Ainsi s'épuisent et disparaissent les hordes nomades qui ne veulent pas changer d'allures et d'habitudes, qui ne veulent pas travailler comme l'Européen ; en un mot, se civiliser à son exemple.

Mais revenons de notre excursion lointaine et transportons-nous en Nouvelle-Calédonie. Au lieu de tribus de chasseurs qui voient des espaces immenses s'ouvrir devant eux, et décampent quand on vient les gêner dans le coin de terre où ils avaient établi leur hutte, parce qu'ils n'ont de préférence que pour le pays qui recèle le plus de gibier, nous trouvons un peuple de cultivateurs enfermé dans des limites infranchissables par les grèves de l'Océan. Et si, après avoir envisagé la population en masse, nous passons à l'examen des différentes tribus qui la composent, nous trouvons des petits centres de population établis au milieu de leurs champs, où les tiennent confinés des voisins presque toujours ennemis.

Il y a donc une bien grande différence entre l'état des premiers et celui des seconds.

Les premiers avaient le choix entre la société des Européens et l'éloignement de ces incommodes voisins, les seconds ne l'ont pas.

Les premiers étaient chasseurs ou nomades, les seconds sont cultivateurs et sédentaires.

Les premiers, pour s'assimiler aux Européens, auraient eu à changer le fond, l'essence même de leur mode d'existence, les seconds n'ont pas à opérer cette mutation difficile.

Remarquons, en effet, que les Néo-Calédoniens possèdent déjà les préliminaires de la civilisation, c'est-à-dire la vie en société, la stabilité, et, quelque restreinte qu'elle soit, l'habitude du travail. Ils possèdent cet art reconnu si nécessaire par le chef américain dont j'ai cité les paroles, éloquente apologie de l'agriculture en même temps que prophétie sinistre, malheureusement justifiée par le temps.

Fixés au sol par la culture qu'ils ne peuvent délaisser parce qu'elle leur procure les plus précieux moyens d'existence, ils subiront forcément le contact des Européens. Témoins perpétuels de nos travaux, de notre industrie, associés par l'appât du gain à nos labeurs, et participant du bien-être qui en résulte, ils se transformeront lentement peut-être, mais à coup sûr. Or, leur civilisation assurera leur avenir. Du moment qu'ils ressembleront aux Européens, ils auront les mêmes chances d'existence et de prospérité.

Il n'est pas inutile de faire remarquer que l'indigène qui a eu quelque commerce avec l'Européen, comme on le rencontre sur la côte, à Kanala, à Hienguène, à l'île des Pins, aux Loyalty, n'a pas d'éloignement pour le blanc. Loin de répugner à sa société, il la recherche, et s'engage volontiers à son service pour avoir des vivres en tous temps, pour se procurer les objets de l'industrie européenne, dont le besoin se fait sentir plus impérieusement au fur et à mesure que l'expérience lui en fait connaître l'utilité, et qu'il les voit entre les mains d'un plus grand nombre de ses pareils. Ce sont ces désirs et ces besoins qui susciteront aux colons des auxiliaires novices dans les premiers temps et habiles plus tard, qui engageront et multiplieront les relations entre les naturels et nous.

Loin de considérer la population indigène comme un obstacle à l'exploitation agricole du pays et aux progrès de la colonie, on doit la considérer, au contraire, comme l'élément primordial de sa prospérité. C'est ce que je vais essayer de démontrer. Nous savons déjà que cette population est très-faible relativement à l'étendue des terres cultivables, et qu'il y a place pour elle et pour nous ; que ce sont les coteaux, les pentes des montagnes, les petites vallées qu'elle cultive de préférence, et que la plaine, où elle est semée comme le grain dans une aire déjà balayée, est précisément ce qui convient aux grandes entreprises agricoles des Européens.

Au fur et à mesure que la confiance s'établira dans le cœur des indigènes, et que leurs relations avec nous développeront en se multipliant de nouveaux désirs et de nouveaux besoins, ils prêteront leur concours pour l'exploitation des terres que nous occuperons.

On cherche actuellement par tout le monde des mercenaires pour nos colonies, qui manquent de bras. Eh bien! les mercenaires sont tout rendus en Nouvelle-Calédonie.

Les indigènes ne seront pas moins utiles aux producteurs qu'à ceux qui se chargeront de transporter les produits; ils travailleront dans les plantations comme ils navigueront en qualité de matelots dans la marine coloniale (1). Je considère leur concours comme un des éléments les plus nécessaires à la prospérité du pays, quand j'envisage la pénurie et le prix exorbitant de la main-d'œuvre en Océanie. — Si les Anglais, dans leurs possessions d'Australie et de Tasmanie, se passent forcément du concours des naturels, ce n'est pas sans inconvénients; et quelque brillant que soit l'essor de ces colonies, il est certain que la pénurie de bras, et conséquemment la cherté exorbitante du travail, entrave bien des entreprises et est le plus grand obstacle au développement de l'industrie.

Pourtant, combien ces colonies sont-elles plus favorisées que ne pourra jamais l'être la nôtre! Ne reçoivent-elles pas l'exubérance de la population que la mal-

---

(1) Un négociant dont la colonie doit déplorer la perte (M. Paddon) nous a donné pendant huit ans l'exemple de ce double emploi des naturels. Une poignée d'Européens lui suffisait à diriger et gouverner une centaine d'indigènes.

heureuse Irlande, et même l'Écosse et l'Angleterre refusent de nourrir !

La position géographique de la Nouvelle-Calédonie, qui permet d'y cultiver les produits inter-tropicaux, sollicite d'elle-même l'attention des capitalistes australiens ; mais pour les décider, il est nécessaire que le taux du travail permette d'obtenir ces produits à des frais modérés.

Un exemple fera mieux comprendre l'importance de cette condition, et pour cela, j'aborde franchement la question des sucres. — La canne, est de toutes les productions du sol, celle qui peut fournir le plus promptement, le plus facilement et le plus sûrement une branche importante d'industrie et de commerce, parce que l'Australie, qui ne la cultive pas encore, et qui est aux portes de la Nouvelle-Calédonie, offre un débouché représenté par un million de consommateurs. Mais pour que notre sucre soit accepté sur les marchés de Sydney, de Melbourne, etc., — il faut qu'il puisse y être livré au moins au même prix que celui qu'on y apporte de Maurice.

Le concours des indigènes n'est pas moins nécessaire pour l'élève des troupeaux. Je remarque, en effet, que le gouvernement australien livre de vastes pâturages pour une minime redevance (1), et que le commerce

---

(1) 10 livres sterling (250 francs), par an, dans la province de Victoria, pour le pâturage nécessaire à 4,000 brebis.

du suif et de la laine est déjà tout établi et florissant dans le pays. Dans notre colonie, cette industrie est à peine inaugurée, et ce commerce est encore à créer. Pour que des agronomes viennent l'y installer et le développer, il faut qu'ils y entrevoient du profit. Or, le gouvernement français ne pourra se montrer plus large que le gouvernement australien ; reste donc la considération du prix de la main-d'œuvre des bergers et des travailleurs, et de la facilité plus ou moins grande d'en trouver.

Il sera facile de dresser les naturels à la garde des troupeaux. Cette occupation, qui n'est pas fatigante et laisse une grande liberté d'allures, entrera naturellement dans leurs goûts.

L'expérience faite par les missionnaires en a, depuis plusieurs années, démontré la possibilité.

L'intérêt et l'humanité commandent donc de protéger, d'instruire et de ménager les indigènes. Oui, j'en ai la confiance, ce peuple sera civilisé et survivra. Nos sujets d'aujourd'hui seront nos concitoyens de demain, et cette civilisation de l'extrême occident demeurera comme un monument impérissable de l'humanité et de la générosité de la vieille France.

C'est une justice que je rends avec orgueil à mon pays, que s'il n'est pas le plus habile ou le plus heureux dans la colonisation, il est du moins le plus humain. Il détruit la barbarie et non pas les barbares, lui ! Semblable au roi des espaces célestes, la civilisation française transporte sa lumière de l'Orient à l'Occident, et comme les rayons du soleil éclairent et réchauffent la terre sans la détruire, celle qui émane du foyer français éclaire les peuples, mais ne les consume pas.

Il est des météores qui embrasent un instant la voûte céleste, ils éblouissent les yeux, mais leur éclat est passager. Seul l'astre-roi, dans sa course mesurée et majestueuse, répand partout une lumière bienfaisante et impérissable. Ainsi fera la France, ainsi sera éclairée la Nouvelle-Calédonie.

> Et nos primus Oriens œquis afflavit anhelis,
> Illic sera rubens accendit lumina Vesper.

FIN

L'auteur s'étant absenté de France pendant l'impression de son livre et n'ayant pu corriger les épreuves, nous en sommes réduits à placer un *errata* à la fin de cet ouvrage.

Pag.	lig.	AU LIEU DE	LISEZ
18	9	Momari,	*Morari.*
—	11	féroligiste,	*fer oligiste.*
21	19	acténote fibreux,	*actinote fibreuse.*
—	22	pierre allaire.	*pierre ollaire.*
31	3	l'exposition du levant,	*l'exposition au levant.*
33	17	périrent d'un.	*périrent victimes d'un.*
35	1	celle du moins,	*celles du moins.*
37	7	tarum,	*arum.*
38	2	l'Eugenia malaccensis. Unficus,	*L'Eugenia malaccensis. Un Ficus.*
—	6	Doléchos tuberones,	*Dolichos tuberosus.*
—	18	Kacoala,	*Kanala.*
39	12	Melaleucra.	*Melaleucca.*
41	20	grainage,	*graissage.*
43	16	labié, d'une,	*labiée, d'une.*
51	21	melaleucca cajeputé,	*melaleucca cajéputi.*
53	6	schœrauthus,	*schœnanthus.*
—	7	limon-gras,	*lemon-grass.*
55	6	mangliao,	*manghas.*
—	9	Exphorbe,	*euphorbe.*
—	10	Un urticée,	*Une urticée.*
—	13	austral,	*australe*
67	4	dangereux,	*dangereuse.*
—	8	astracion,	*ostracion.*
—	11	eut,	*ait.*
79	5	Carollia,	*Carallia.*
87	5	ouréa,	*Ouvéa.*
—	15	Urcille,	*Urville,*
95	10	sicus,	*ficus.*
108	18	dugougs,	*dugongs.*

TABLE DES MATIÈRES

LIVRE PREMIER

LA NOUVELLE-CALÉDONIE ET SES DÉPENDANCES. — DESCRIPTION GÉOGRAPHIQUE ET PHYSIQUE.

	Pages.
Avertissement	1
I. — Description générale. — Population	7
II. — Constitution du sol	15
III. — Agronomie	26
IV. — Règne végétal et Productions	36
V. — Règne animal	59
VI. — Climat	70
VII. — Dépendances de la Nouvelle-Calédonie	84

LIVRE II

LES NÉO-CALÉDONIENS. — ANTHROPOLOGIE ET ETHNOGRAPHIE.

I. — Portrait et qualités physiques	111
II. — Hygiène et maladies	126
III. — Régime alimentaire	138
IV. — Habillement. — Tenue et propreté	148
V. — Caractère et passions. — Intelligence, qualités et défauts	155
VI. — Industrie et Travaux. — Agriculture, constructions, pêche	166

	Pages.
VII. — Art industriels et beaux-arts. — Etoffes. — Armes. — Poteries. — Sculpture et peinture. — Instruments de musique	182
VIII. — Sciences. — Division du temps. — Calcul. — Médecine.	191
IX. — Guerre et marine.	201
X. — Littérature. — Art oratoire.	214
XI. — Etat domestique.	226
XII. — Etat social et politique.	240
XIII. — Commerce. — Circulation. — Réunions de Société. — Police et justice.	248
XIV. — Fêtes et réjouissances publiques.	263
XV. — Religion et culte.	275
XVI. — Sorciers et sorcelleries.	287
XVII. — Réflexions sur l'origine des Néo-Calédoniens.	297
— sur l'anthropophagie.	302
— sur la population.	306

FIN DE LA TABLE DES MATIÈRES

VERSAILLES. — IMPRIMERIE CERF, RUE DU PLESSIS, 59.

A LA MÊME LIBRAIRIE

L'EMPIRE DU BRÉSIL, par M. le comte DE LA HURE. 1 v. in-8   10 fr.

LES TURCS ET LA TURQUIE CONTEMPORAINE. Itinéraire et compte rendu de voyages dans les provinces ottomanes, avec cartes détaillées, par B. NICOLAIDY, capitaine du génie au service de la Grèce, chevalier-commandeur de plusieurs ordres, etc. 2 v. in-18 j.   7 fr.

A TRAVERS L'AMÉRIQUE DU SUD, par F. DABADIE. 1 vol. in-18 jésus. 2ᵉ édition . . . . 3 fr. 50

> SOMMAIRE : Rio-Janeiro et ses environs. — Les Esclaves au Brésil. — Jacques Arago et l'empereur Dom Pedro II. — Le Misanthrope de Mato-Grosso. Une Élégie au cap Horn. — Superstitions maritimes. — Les Curiosités de Lima. — Les Liméniennes. — Les Brigands du Pérou. — Le Poète des Andes. — Les Moines de l'Amérique méridionale. — Une Excursion dans la province d'Esméralda. — Souvenirs de la Plata.

RÉCITS ET TYPES AMÉRICAINS, par F. DABADIE. 1 vol. in-18 jésus, 400 pages. . . . . 3 fr. 50

> SOMMAIRE : Les Moustaches d'Antonio. — Les Tribulations de saint Antoine. — Un Mascate chez les Botocudos. — Sang et Or. — La Fièvre jaune s'amuse. — Les Aventures d'Oscar. — L'Eldorado. — Garibaldi dans l'autre monde. — Types : le Callavaya. — Les Corybantes. — Boliviens. — Les Tailleurs de la Paz. — Le Sébastianiste. — Le Mendiant de Rio-Janeiro. — Les Chasseurs d'Onas. — Les faux Messies. — Les Indiens du Chaco. — L'Aguador de Lima. — Le Bobona. — Le Montanero. — Le premier Mormon.

LES ESCLAVES TSIGANES dans les principautés danubiennes, par ALFRED POISSONNIER, avec une préface, par M. PH. CHASLES. 1 v. in-8   1 fr.

FRANÇAIS ET ARABES EN ALGÉRIE, par FERD. HUGONNET, auteur des *Souvenirs d'un chef de bureau arabe*. 1 vol. in-18 jésus.   2 fr. 50

> SOMMAIRE : Lamoricière. — Bugeaud. — Abd-el-Kader. — Daumas, etc.

MANUEL DES PRINCIPALES VALEURS ESPAGNOLES sur le marché français, par M. FONTAINE. 1 vol. in-18 .   5 fr.

SOUVENIRS ET RÉCITS DE VOYAGES. Les Alpes françaises et la Haute Italie, par L. B. DE MERCEY. 1 beau volume in-8   7 fr. 50

NAPOLÉON III EN ITALIE. Deux mois de campagne. — Montebello — Palestro — Turbigo. — Magenta. — Marignan. — Solferino, par JULES RICHARD. 1 volume in-18 . . . . 1 fr.

www.ingramcontent.com/pod-product-compliance
Lightning Source LLC
Chambersburg PA
CBHW060353170426
43199CB00013B/1859